人物叢書

新装版

日《にち》　蓮《れん》

大野達之助

日本歴史学会編集

吉川弘文館

日蓮画像

— 中山法華経寺所蔵 —

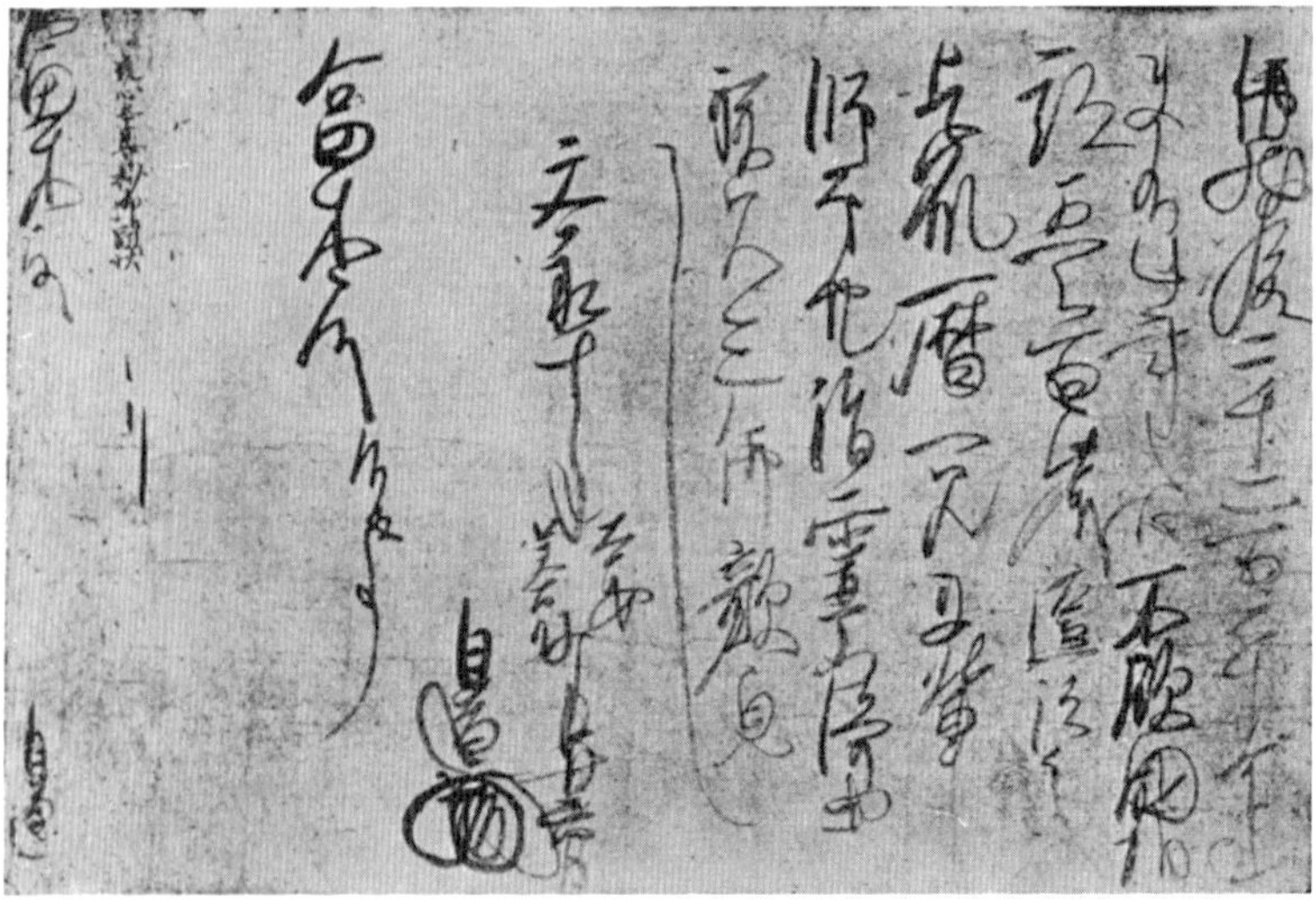

日蓮の筆蹟

佛滅後二千二百二十余年

未《ダ》レ有《ラ》ニ此書之心一。不レ顧ニ國難《ヲ》一、

期《シテ》ニ五々百歳《ヲ》一演ニ説《ス》之《ヲ》一。

乞願《ワクハ》暦《ル》(歴)ニ一見《ヲ》一末輩、

師弟共《ニ》詣《ツテ》ニ靈山浄土《ニ》一、

拜ニ見《セン》三佛顔皃《ヲ》一。

恐々謹言

文永十年 太才癸酉 卯月廿六日

日蓮（花押）

富木殿 御返事

（観心本尊鈔副状）

はしがき

日蓮は鎌倉諸宗祖の中で最後に出、その生涯は二回の流罪《るざい》を交えて迫害の連続であった。他の宗祖で時の政府から流罪に処せられたのは、法然と親鸞であるが、法然は配所にあっても、前摂政九条兼実の保護を受けたし、親鸞の場合は詳しいことは分らないが、流謫《りゅうたく》の間に恵信尼《えしんに》という妻を娶《めと》っているので、配所で迫害を受けたとは思われない。それに反して日蓮の流罪は遺棄《いき》されたようなもので、殊に佐渡流罪の時は、竜ノ口で殺される手筈になっていたのである。

法然・親鸞は、僻遠《へきえん》の地へ流されても、それが内観を深め、他力《たりき》の純信に徹する機会となったのであるが、日蓮は、流罪などの迫害を受けるのは法華経に説かれてある予言を身を以て経験することだと解釈し、自らを法華経の行者《ぎょうじゃ》と呼ぶようになった。

他の諸宗祖が坐禅や念仏によって心を淘汰《とうた》し、縁に随って教えを説いたのに反して、日蓮は五字の題目を日本国中に弘めようとし、反対・非難するものに対しても、折伏《しやくぶく》と称してこれを激発し、憤らせることによって正法《しやうぼう》の種子をその心に植え付けようという方法をとった。この折伏というのが、他の宗祖と異った日蓮独自の布教方法であって、そのために烈しい憎悪《ぞうお》・迫害を受けたのである。

更に日蓮の特異な点は、予言者としての性格である。それは幼少の時に、安徳天皇は寿永の乱で何故海中に沈んだか、また後鳥羽上皇等は承久の乱で何故陪臣《ばいしん》北条氏のために流されたか、という疑問を抱き、その理由を経文によって立証しようとしたから、必然的にそういう性格が顕著になったのである。日蓮は、天皇・上皇がそのような悲運に堕《お》ちたのは、法華経を信じなかったからだとし、若し、皇室や幕府が日蓮の言を聴かずに、依然として法華経を信じなければ、薬師経等に説かれている内乱と外寇とが必ず起ると未来の予言をした。その予言は偶然にも的中し、殊に外寇は蒙古の来襲という未曽有《みぞう》の国難として現われたのであった。

日蓮は自分の二大予言が的中すると、法華経の行者から進んで、釈尊の本化《ほんけ》の弟子上行《じょうぎょう》菩薩の再誕であると称するようになり、釈尊から直接付属された正法を弘めるのだという自信を益と強くした。そのように日蓮は予言者の特色を強く現わしたが、批判的に云えば、予言などは宗教の本質とは何の関係もない迷信に過ぎぬといわなければならない。経典を絶対視する仏教界の伝統の制約を受けた日蓮としては、自分の予言は経典の権証《けんしょう》に基き、絶対謬《あやま》りのないものと考えたわけであるが、今日から見れば、日蓮の真価は予言者としての面にはなくて、全仏教思想を「題目」で統一した点にあると考えられる。題目とは「妙法蓮華経」という題号のことで、法華経全体の思想が題目に要約されていると解釈したのである。しかも法華経の観方は慧心《えしん》流の本《ほん》覚《がく》法門に基き、題目というのは本仏釈尊直伝《じきでん》の真実の教えであるから、題目を唱えればそのまま仏に成るといい、又、これを本尊としても図顕《ずげん》して、本仏釈尊と一如《いちにょ》するすがたを顕わしている。こういう実修形式は、日蓮自身が排撃したところの真言宗の両界曼荼羅《まんだら》、浄土宗の口称《くしょう》念仏の影響によって工夫されたものであることは否定し難いが、天台宗の一念三千という至難な観法を五字の題目に要約し、これを理として念ずるのではなくて仏の境地そのものを行《ぎょう》ずるのだと結論した点は、やはり日蓮の天分を以てしなければ、能く成し得なかったところであろう。

日蓮の宗教の特質を簡単に云えば以上の通りであるが、本書は伝記叢書の一環として人物伝記に重点を置いたために、教学及び宗旨の方面はこれを割愛することにした。江湖諸賢の御諒恕を得れば幸いである。

昭和三十二年十二月三十日

大野達之助

目次

口絵

挿図

第一　幼年時

一　誕生と家系

誕生伝説

日蓮は承久四年（一二二二）の春、安房の国長狭郡（千葉県安房郡）東条郷の小湊の漁夫の子として生れた。ちょうど、承久の乱の翌年であり、親鸞は五十歳で関東に行化《ぎょうけ》しており、道元は二十三歳で、入宋する前年に当っていた。日蓮誕生の日は天気晴朗で旭日が輝きを増し、風波穏かで海上に長さ数十尺の青蓮華が十数茎生じ、また生家の附近に清水が俄かに涌き出し、これを汲んで浴湯に充てたという誕生井、蓮華ヶ淵の伝説がある（『本化別頭高祖伝』）。

家柄

また日蓮の家柄については、室町時代中葉に作られた『当家宗旨名目』（寛正二年日実著）、

誕生寺門前
(千葉県安房郡天津小湊町。日蓮誕生の地と伝える)

『日蓮大聖人註画讃』によると、父は遠江の国の武士貫名《ぬきな》重実の子重忠で、聖武天皇の後裔三国氏の出であり、母は清原氏であったが、父は何等かの理由で安房の国に流されて漁夫となったという。更に江戸時代中期の『本化《ほんげ》別頭《べっず》仏祖統記』になると、詳しく家系を記し、その先祖は藤原冬嗣で冬嗣八代の孫共資の時に遠江守となり、その子共保は井戸の中から拾われたので、後に井伊氏を名告《の》ったという。共保から五代の裔政直の時に遠江貫名の郷を領して、それ以後、貫名を氏とし、孫重実の子が重忠で、重忠が安房に流され、その三男が日蓮であるという。けれども日蓮自身、東条郷の片海の海人《あま》の子であるとか、東条片海の磯中の賤民の子であるとか、安房の国海辺の旃陀羅《せんだら》が子であるとか述べているので、その言葉のままに漁夫の子ととっておくべきで、氏素性など尋ねる必要はないであろう。ここに旃陀羅というのは梵語のチャンダーラ（caṇḍāla）の音写で、屠者と翻訳されているところから、江戸末期の平田篤胤のごときは日蓮は屠殺業者の子であるといい、『神敵二宗論』の中で、日蓮の母は遠州貫名村の者であったが、房州で百姓の家に奉公中、屠者と密通したので主人の怒にふれ、生れた子（日蓮）を寺の梅の木の下に捨てたのを、住持が拾って育てたものであると中傷している。旃陀羅は単に畜類を屠殺する者に限らず、広く殺生を業とする最下級の者の謂《いい》であり、日蓮は自分が漁夫の子であるから旃陀羅の子といい、賤民の子といったので、内に法華経の行者たる信念をもっていたから、素性の賤しいことは少しも恥とは思わず、寧ろ自負していたかに見える。それ故、佐渡流罪の時、門下の僧俗全体に書き送った書状の中で、心は法華経を信ずるから、梵天や帝釈《たいしゃく》をも恐ろしいとは思わないが、身は畜生の身である。身と心とが相応しないから、愚者のあなどるのも道理である(『佐渡御書』)といい放っているのである。

さて日蓮が生れた安房の国東条郷はどういう土地であったかというに、鎌倉時代には伊勢大神宮の御厨《みくりや》(神領の一種)であって、後世の和泉村から小湊村までも含んでいたようである。東条御厨は、源頼朝が寿永三年(一一八四)二月、一ノ谷の戦で勝利を収め平家を海に追払ったので、同五月三日に、伊勢外宮の分として寄進したものであり、同時に内宮の分としては武蔵の国飯倉に於て一ヵ所を寄進している。このように、東条郷は外宮とはいっても伊勢大神宮の御厨の地であったので、日蓮は晩年身延に入ってから、北条弥源太という信者に与えた消息の中で、安房の国は天照大神の住み初めた国で、ここで日本国をさぐり出された、それで安房の国御厨があるのである、しかも日本国の一切衆生の慈父・悲母である。どういう前世の宿縁があってのことか、日蓮がこの国に生れたのは第一の果報であるといい、また門下一同に送った書簡の中でも、安房の国長狭郡の内東条郷は今は郡になっているが、天照大神の御厨、右大将家（頼朝）の立てられた日本第二の御厨（第一は武蔵の飯倉）であり、今は日本第一の御厨である（『聖人御難事』）と述べている。日本第一の御厨といったのは、この地で正法を樹立したことを指しているのであろう。日蓮が日本の歴史に深い関心をもって、歴史上の様々な事件を経論の教説に関連させて批判的に論じているのは、生国の歴史的背景が影響を与えたものと思う。

二　立　志

日蓮の幼少の頃のこと、殊に家庭でどのような教育を受けたかは、確実な資料がないので詳細は殆んど分らない。ただ遺文によると、幼少の時から学問に心をかけ、当時の一般世間の信仰に従って、阿弥陀仏を憑《たの》む称名念仏を行っていたようである（『破良観等御書』『妙法尼御返事』）。何才の時から念仏を唱えたかは分らないが、幼少よりとあるから、まず七―八才頃からであったろうか。それが十二才の時に何か聊かのことから念仏に疑いをもって一つの願《がん》を立てた。念仏についてどう疑いをもったかは明らかでないが、願を起すに至った動機は二つの疑問を解決することにあったことが遺文の上から知られる。一つは寿永・承久の事変についてであって、日本国は全世界の中で月氏（中央アジア・西北インドを含む国の名）や漢土よりもすぐれ、寺ごとに八宗十宗を修し、家々宅々には大乗を読誦《どくじゅ》し、その上、天照大神・八幡大菩薩・日吉《ひえ》山王などの三千余社が昼夜にわが国を護り、朝夕に皇室を照覧されているのに、なぜに安徳天皇は源頼朝に攻められて海中の魚の餌食となり、後鳥羽・土御門・順徳の三上皇は頼朝の家人《けにん》北条義時に攻められて、王位を追いおとされ、隠岐・阿波・佐渡に流されたのであろうか、その理由を明らかにしたいということである（『神国王書』）。二は諸宗派及び一切経についてであって、あまねく世間を見るのに国主はただ一人であり、二人となっては国土は穏かでない、家に二人の主があればその家は必ず破れる、一切経も又このようなもので、いずれの経であっても、一つの経だけが一切経の大王であろう、ところが十宗七宗まであって、各々諍論しておっては、あたかも国に七人十人の大王があるようなもので、万民は穏かでなかろう、一体これはどういうわけであろうかという疑念である（『報恩鈔』）。即ちその疑問というのは、一つは近々五十年以内に起った歴史上の大変事であり、一つは仏教の帰趨に関する根本問題である。

日本は鎮護国家を祈る仏法が盛んでありながら、天照大神の御裔《みすえ》の天子が、寿永の時には海中に沈まれ、承久の変には御三方までも島へ流されたのはどういうわけか、いぶかしい。仏といえば釈尊一人であるのに、どうして多くの宗があるのか、仏が多くの経を説かれたとしても、仏の心は一にして不変であるから、その中のいずれかが真実の教えで、それが大王の経であろうに、七宗にも十宗にも分れているのは不思議なことである。こういう二つの大きな疑問が十二歳になった日蓮の心中に涌き起って、それを解決せんがために清澄《きよすみ》山に登り、「日本第一の智者となさしめたまへ」と、虚《こ》空蔵《くうぞう》菩薩に願《がん》を立てることになるのである。

勿論、この疑問の述べられている遺文は、『神国王書』が建治元年（一二七五）、『報恩鈔』が翌建治二年で、何れも晩年、身延山に退隠してから後のものであるから、疑問の形を整理して述べている点はあるだろうと思う。

第二　修学

一　出家

世間と出世間との二つの大疑問を懐《いだ》いた十二歳の日蓮は、それを解決せんがために出家しようとし、天福元年(一二三三)五月、父母の許しを得て清澄《きよすみ》山に登り、道善阿闍梨《あじゃり》の門に入った。

清澄山

この清澄山は、安房の東海岸安房郡(当時は長狭郡)天津の北方に聳え、海抜三六八米、安房第二の高峰で、山中には宝珠・摩尼《まに》・如意・独鈷《とっこ》・金剛・富士・鶏足《けいそく》などの支峰が重畳し、九十九谷あるといわれている。清澄寺縁起によると、光仁天皇の宝亀二年(七七一)、不思議法師という行者がこの山に来り、一株の老柏樹を伐って虚

清澄寺全景（千葉県安房郡天津小湊町）

空蔵菩薩を刻し、仮に小堂を建てて安置したのが寺の草創であるという。後に仁明天皇の承和三年（八三六）、叡山の慈覚《じかく》大師（円仁）が東国遊化の際に来て中興し、天台宗の寺院としたが、堀河天皇の嘉保三年（一〇九六）、雷火に罹《かか》って伽藍が焼亡したのを、国司源親元が再建したという。また寺伝によれば、承久年中に平政子が宝塔と輪蔵（堂の中心に軸を立て、回転して周囲に蔵する経文を閲覧するのに便にしたもの。）とを建立し、一切経を納め、仏舎利及び涅槃《ねはん》像を安置したと伝える。けれども清澄寺にはそれらを証拠立てる古文書は何一つ残っていない由であるから、果して日蓮当時に於て堂塔伽藍が備わり、一切経が安置されていたかどうか甚だ疑わしい。遺文について見ると、日蓮当時は寧ろさびれていたように思われる。

清澄山の宗派

なお縁起にいう不思議法師は縁起作者の捏造《ねつぞう》かも知れないが、慈覚大師が中興したと伝えるところを見ると、その真否は別として、清澄寺はもとは山門慈覚流の天台宗であったことが分る。勿論、日蓮在世の当時は天台宗であったのが、後に真言宗になり、室町初期の明徳三年（一三九二）には醍醐三宝院流の弘賢が寺主別当になっていた。それでその頃に偽作された『本門宗要抄』には清澄山を真言宗とし、以後の伝記もみなこれに倣《なら》っているのである。

幼名薬王丸

日蓮が登山して師事した道善房は清澄寺の寺主であって、その弟子には浄円房・浄顕房・義浄房などがいた。そして十二歳の日蓮は薬王丸と名づけられたと伝える（『元祖化導記』）。

虚空蔵菩薩に立願

薬王丸はさきに述べたような大疑問を抱き、虚空蔵堂に参籠し、安置されていた虚空蔵菩薩の宝前に於て、日本第一の智者となさしめ給えという大願《がん》を立てて学問に励んだ。何故、虚空蔵菩薩という菩薩を選んで願を立てたかというに、この虚空蔵菩薩というのは胎蔵《たいぞう》界曼荼羅《まんだら》の十二大院中の虚空蔵院の中尊であって、右手に智慧の利剣、左手に福徳の如意宝珠を持っているように、その智慧功徳の広大無窮であること、恰も虚空を蔵としたようなものであるという属性を与えられた菩薩であるからである。勿論、密教系統の菩薩である。

薬王丸は大願を立ててから、寺の経蔵などに収蔵されている経論について広く学び、師の道善房や同門の法兄について疑いを質《ただ》しても、遠国の寺であるから、寺とは名づけても経論は完備しておらず、真の求道《ぐどう》修学の人が居なかったので、疑問はなかなか解決出来そうもなかった(『本尊問答抄』)。抱いた疑問が仏教の根本に関するものであり、このような問題は恐らく先哲でも誰も疑いを向けたものはなかったであろうから、清澄山のような片田舎の寺のものにとっては全く夢想だにしな

虚空蔵菩薩の示現

かったところである。それで薬王丸は、「日本第一の智者となさしめ給へ」という虚空蔵菩薩への祈願を益〻切実にして行った。

このようにして十二歳から十六歳まで四ヵ年の間、日本第一の智者を念願しつつ、学問と思索を深刻につづけた。その熱願の結果として、虚空蔵菩薩が眼前に高僧となって現われ、明星のような智慧の宝珠を授けたとも(『善無畏三蔵抄』)、また、日本第一の智者となしたまえと申したことを不愍と思召したのか、明星のような大宝珠を賜わり、これを左の袖に受けとったとも(『清澄寺大衆中』)、遺文の中に記されている。現今清澄寺にある口碑では、虚空蔵堂に参籠してこの奇瑞を感じ、堂を退いて階段を下る時、身心混蒙して多量の血を吐き、気絶して倒れたのをひとに発見されて覚醒した、その血を吐いた所に黒い斑紋のある笹が生じたので、これを「凡血の笹」と呼ぶと伝えている。このような奇瑞の感応が実際にあったのかどうか確かめようもないが、その実否はとに角として、十六歳に至ってこれから学問研究を進めて行くについての方向・指針が定まったということだけはいえるであろう。

どういう方針が定まったかというに、諸宗いずれの宗に対しても偏見に執われてはならない、いずれの経でも宗でも仏説に正しいという証拠が明らかにあり、道理もかない、現実の証拠もまのあたりにあるのを用いよう、論蔵（仏説の説明註釈）の学者や経典翻訳者や凡夫の指導者に依ってはならない、専ら経文を究極の依り所としようということで（『破良観等御書』）、後に日蓮がよく説くところの道理・文証《もんしょう》・現証の三証の具わることであり、経典主義をとったことである。この根本方針が定まったので薬王丸は、日本に渡ってきている仏の経、并びに菩薩の論と学者の註釈とを学び、また倶舎《くしゃ》宗・成実《じょうじつ》宗・律宗・法相《ほっそう》宗・三論宗・華厳宗・真言宗・法華天台宗や更に禅宗・浄土宗という八宗・十宗を習って、その肝要を知ろうと決心したのである（『妙法尼御返事』）。

このような仏法の奥旨を探求するには清澄山は余りにも片田舎で、経論にもすぐれた学匠にも欠けていたので、どうしても諸国に遊学しなければならなかった。遊学するには侍童のような薬王丸ではいけないので、道善房の許《もと》で剃髪の式を行い、出家して是聖房《ぜしょうぼう》蓮長と名付けられた。恐らく十六歳の時のことであったろう。

剃髪して是聖房蓮長と名づく

二 鎌倉遊学

鎌倉入りの時期

蓮長はいずれの宗が仏の正意にかなったものなのであるか、真実の仏説はいずれの経典に説かれているのであるかという根本の問題を解決するには、まず八宗・十宗の教義を学ばなければならぬと考え、師の道善房に遊学の志を告げ、その許しを得て覇府《はふ》鎌倉に赴いた。出家の翌々年、延応元年（一二三九）であったようである。それは前年の嘉禎四年（一二三八）には清澄山に居て、十一月十四日に天台宗の口伝書である『円多羅義集』を書写しているからである。さてそれより三－四年

浄土宗・禅宗の修学

の留学中にどのような学問を修めたか、詳細は分らないが、遺文にまず浄土・禅宗を聞いたとあるから（『破良観等御書』）、当時漸く鎌倉に興りつつあった浄土宗と禅宗とを修めたことは明らかである。また「法然・善導等が書いて置いたほどの法門は、日蓮は十七―八の時から知っていた」（『南条兵衛七郎書』）ともいっているから、鎌倉遊学中に法然の『選択《せんじゃく》本願念仏集』や唐の善導の『観経疏』などを学んだことは確かである。けれども浄土宗・禅宗を誰に就いて修めたかは全く不明である。

当時の浄土宗

この頃浄土宗では誰が鎌倉に居たか、確かなことは分らない。蓮長の鎌倉遊学の十一―二年前に、法然の高弟の隆寛が、叡山の讒奏に遭って奥州へ流される途中、相模の国飯山に留って北条時房の長子大仏《おさらぎ》朝直に十念を授けたのが、浄土宗の鎌倉に伝わった初めである。嘉禎四年三月に深沢に大仏殿の造営を始めているから、阿弥陀仏像（鎌倉大仏）は出来ていた。これは木像で、のち建長四年（一二五二）に銅像が作られたのである。また仁治元年（一二四〇）三月に北条経時は鎌倉に蓮華寺（後の光明寺）

を建てて法然の高弟弁阿の弟子然阿《ねんあ》良忠を請じたと伝えている。そうすると、蓮長が鎌倉に赴いた頃に漸く浄土宗が興り始めていたように考えられる。伝説によると、蓮長は大阿弥陀仏に就いて浄土の法門を学んだが、大阿弥陀仏が臨終の時に狂乱叫喚して死んだので、念仏を捨てたという（『日蓮大聖人註画讃』）。大阿という名は、法然が承元の法難の際に叡山に出した七箇条起請文《きしょうもん》に署名した門人百八十九人の中の四十八人目に見えるが、その事蹟は全く伝わらない。

当時の禅宗

禅宗は蘭渓道隆《らんけいどうりゅう》の来る以前であるからまだ興らず、禅寺としては正治二年（一二〇〇）に北条政子が建立して栄西を開山に請じた寿福寺が亀ヶ谷《かめがやつ》にあっただけで、建長寺の敷地はまだ刑場や墓地であった。寿福寺開山の栄西にしても、叡山の圧迫を受けて禅と密教とを兼ね併せ、密教の葉上流《ようじょう》を開いた人であり、その弟子行勇（一一六三―一二四一）も栄西の宗風を継いで禅と共に密教の祈禱をも行っていた。その行勇は延応元年（一二三九）に寿福寺に住するようになったから、蓮長が禅を学んだとすれば、この行勇あたりに就いて教えられたものであろう。

鎌倉の天台・真言宗

一方、天台宗・真言宗は、相当有名な人が、南御堂勝長寿院・二階堂永福寺・大蔵大慈寺・鶴ヶ岡八幡宮寺などの別当や供僧《ぐそう》となっていた。即ち、台密では功徳《くどく》流の快雅、法曼・三昧両流の成源、小川僧正忠快、それに後に鶴ヶ岡別当となった隆辨、東密では忍辱《にんにく》流の定豪《じょうごう》、その弟子定清などが居り、天台学の方では丹後律師頼暁・座心房円信・頓学房良喜・文恵房覚心などの学匠がいた。蓮長も浄土・禅の新宗のみを学んだだけではなく、これら天台・真言の学匠をも訪ねて、その教学を更に深く究めたであろうと想像される。

北条泰時・時房等の病死

ちょうど蓮長の鎌倉留学中にその心を驚動させるような異変が相ついで起った。それは蓮長が鎌倉に出たと思われる延応元年二月二十二日に後鳥羽上皇が隠岐島で崩御されたとの報道が、三月十七日に鎌倉に着いた。すると四月二十五日から執権北条泰時が心神違乱する不思議な病気に罹《かか》った。その年十二月五日には、承久の変に朝廷から内応するようにという勧告の書状を受けながら、それを執権義時に示して東海道軍に従った三浦義村が、脳溢血で頓死した。それから四十余日たった翌年正月二十四日には、承久の変に泰時と共に東海道軍の大将であった連署北条時房が、朝発病して、その夜半には死んでしまった。そのまた翌々年の仁治三年六月十五日には、北条泰時も病歿した。このように承久の変の正面軍の大将が、上皇の崩御につづいて三人まで相ついで死んだことは、承久の変の不審から発心立願し、しかも予言者的素質の強い蓮長に、何等か強い影響を与えたに違いないと思われる。

三　最初の著作

戒体即身成仏義を著わす

鎌倉に在留すること凡そ四年、仁治三年(一二四二)に蓮長は清澄山に帰り、過去十年間の仏教研究の成果をまとめて、戒体即身成仏義という一書を著わした。これは四百字詰原稿で十六枚余のいわば小論文である。

四種戒体の優劣を論ず

戒体というのは戒律を守って行く間に、この肉身におのずから生じてくる道徳意志のようなもので、それを実体視して戒体と呼ぶのである。そして一に小乗の戒体、二に権《ごん》大乗の戒体、三に法華開会《かいえ》の戒体、四に真言宗の戒体と区別する。戒そのものには五戒・八斎戒・二百五十戒・五百戒（以上小乗）、十重禁戒《ごんかい》・十無尽戒（以上権大乗）と種々あるが、根本は不殺生《ふせっしょう》・不偸盗《ふちゅうとう》・不邪婬《ふじゃいん》・不妄語《ふもうご》・不飲酒《ふおんじゅ》の五戒である。小乗では戒を実践する目的は、次の世に善いところへ生れようとか、生死の苦を離れようとかいうことにあり、つまり、自利の行《ぎょう》だから、その戒体もこの世を終ると次の生《しょう》へ導く効力をもつだけで無くなり、この生の間でも、一度戒を破ると戒体もなくなってしまう。権大乗は実大乗に劣るけれども、小乗のように自利だけではなく、自分も正覚《しょうがく》を得ようと努めると共に、一切衆生をも成仏させようと教え導く、即ち自利・利他の行を兼ねているので、その戒体もこの一生だけのものではなく、仏になるまで無量劫《こう》の間持続し、また途中で戒を破っても小乗のように戒体は無くならない。次に法華開会《かいえ》の戒体の法華開会というのは、法華経の宗教原理によって一切衆生の成仏が証明されたことをいう。この法華開会の立場でいうときは、衆生の身体は仏の身体と同一であるから、五戒を実践するのは仏の因を行《ぎょう》じ仏の果を受けることになり、それが即ち即身成仏の行になると説く。この場合の戒体は内容が広くなって、仏の本性を指しているようである。第四の真言宗の戒体は秘密であるから、別に記してここには述べない、ただ初めに挙げたのは、顕教たる法華は劣り、密教たる真言は勝れていることを示すためであると結んでいる。この頃の日蓮の思想は、清澄寺の学風をそのまま承けついで、法華経よりも真言密教の方が勝れているという、いわゆる顕劣密勝の傾向をもっていたのである。

なお蓮長は、この書の中で浄土宗を批判し、法華経以前の諸経は虚妄《こもう》方便の説で、一人も成仏し往生したものはない。法華経だけが真実の経であって、この身そのままでこの土で往生することが出来るのである。それを日本の浄土宗の学者はこの道理を知らず、法華経は難解で自分の能力に及ばないといい、法華経の修行を止め、我が身と心より外に浄土を求めさせているが、このような師は魔師であり、弟子は魔民であるときめつけている。ここに後年の念仏《ねんぶつ》無間《むけん》論の鋒鋩《ほうぼう》が既に明らかに現われている。

四　叡山修学

登山の年時

凡そ四年間に亘る鎌倉遊学を終え、その研究の成果を一応『戒体即身成仏義』にまとめた蓮長は、更に諸宗の肝要を知ろうと志して仁治三年（一二四二）、仏教々学の淵叢である叡山へ向った。叡山は浄土宗の法然、真宗の親鸞、禅宗の栄西・道元、律を相伝した俊芿《しゅんじょう》の出た所で、いわば鎌倉諸宗揺籃《ようらん》の学苑であったのである。

蓮長は叡山の末寺、安房清澄寺の修学僧として登山した。従来の伝説によると、鎌倉で叡山無動寺の尊海という人に会って、登山遊学を頼み、共に登山して尊海から一念三千の秘訣、唯授一人《ゆいじゆいちにん》の口伝を授けられ、遂に十二年間、東塔の円頓《えんどん》房と横川《よかわ》の華光《けこう》房（後の定光院）とを兼ね管していたという（『本化別頭高祖伝』等）。しかしこの伝説は室町の末期頃にその萠芽が現われ、江戸中葉にまとまったもので、その真偽のほどは疑わしい。日蓮当時、尊海という人は二人いたようである。一人は武蔵の国の仙波《せんば》喜多院の尊海である。この尊海は建長五年（一二五三）の出生で、山門遊学は日蓮歿後三年の弘安八年以後であるから、日蓮の教学の師とはいえない。他の尊海は『天台座主記』及び『華頂門主伝』に、寛元元年（一二四三）十二月十七日、法華十講の講師の中に権少僧都尊海と見えているもので、年齢や宗派は分らないが、日蓮登山の翌年のことであるから、年代の上からだけは符合することになる。しかしそれ以上のことは不明なので、果してこの人が叡山の学匠であるか否かも確かでなく、まして日蓮とどういう関係にあったかは知る由もない。従って日蓮の叡山遊学の頃に尊海という学匠が居たということだけを述べて、疑いを残しておくより外に仕方がない。

俊範に従学す

さて二十一歳で登山した蓮長が従学した師は、当時叡山三塔の総学頭であった南勝房俊範《しゅんぱん》であった（『日大直兼十番問答記』）。叡山の学系は慧心流と檀那流とに大別される。伝教大師から五代の良源の門下に源信と覚運とがあり、源信は横川の慧心院に住していたので、その流れを慧心流といい、覚運は東塔の檀那院に住していたので、その流れを檀那流というのである。この二流は更に分流して、慧心流は椙生《すぎう》流と宝地房流とに、檀那流は慧光房流と竹林房流と毘沙門堂流とに岐《わか》れていた。

俊範の経歴

さて蓮長が師事した俊範は、山川智応博士の研究によると、大納言法印範源の実子で、範源は中御門基俊の子皇覚の実子であるから、俊範は基俊の曽孫に当る。南都に六ヵ年遊学して、法相宗はじめ六宗の大綱に通じ、父範源から慧心流椙生の付法を受けたという。また弟子に檀那流の学匠が出ているから、檀那流の教義にも通じていたことが知られ、山麓の坂本大和庄の自房に、不動尊を安置した護摩堂があったから、台密（天台宗の密教）に就いても相当の諒解をもっていたことが認められる。

坂本の大和庄というのは、俊範が山門の探題（法華会や維摩会などに於ける論義の時に、論題を定める人のことで、勅命によって補せられ、論場を統領する重職）に任ぜられた翌年、建暦三年（一二一三）に、『愚管抄』の著者で天台座主に三度までなった慈円大僧正から与えられた地である（『探題次第』）。慈円はまた建保二年（一二一四）に青蓮《しょうれん》院の寺領・房舎・聖教《しょうぎょう》などを後鳥羽上皇の皇子道覚法親王に譲るとき、天台の学問を相談すべき人として、法印円能・大僧都聖覚と共に律師俊範の名を挙げている（『華頂門主伝』）。この頃、俊範は三十一—二歳と推定され、慈円は建暦三年に六十六歳であるから、俊範は三十歳前後で山門の重鎮慈円大僧正から重んぜられたわけで、いかに当時天台学の俊秀な学者として、山門において重きをなしていたかが窺われる。

また富士西山本門寺に日蓮の真蹟がある『浄土九品事』という遺文断片中にも、

証義者
　├宗源法印「証真ノ嫡弟　竹中法印」
　└俊鑁法印「大和ノ荘
　　　　　　三塔ノ総学頭」
　　三千人ノ大衆
　　五人探題

隆真法印
桓生（或は椙生の誤か）
聖覚
貞慶（貞雲の誤読か）
竜証（隆承の音通か）

とある。俊鑁は俊範の換字であるから、或はシュンバンと訓んだのかも知れない。これによると俊範は「三塔の総学頭」に補せられたことは明らかである。総学頭とは叡山の学事を総轄する役で、非常に重要な職である。『天台座主記』によると、『三大部私記』の著者宝地房証真でも、文治六年（一一九〇）に探題になってから満十七年後の建永二年(一二〇七)にこの職に補せられているから、この例によって見てもその職の比重が推量されるのである。それで俊範も、建暦二年に探題になってから二十年後に総学頭になったとすると、それは仁治元年(一二四〇)に当るから、蓮長の登山した仁治三年には三塔の総学頭として、山門第一の碩学耆宿《せきがくきしゅく》として盛んに講筵を開き、弟子を養成していた頃であろうと推測される。

序でながら俊範の学風について見るに、念仏・禅・真言には反対の立場をとっていたようである。日蓮の『念仏追罰五篇』の中に、俊範・宗源・永尊が源空(法然)の門徒を退治せんがために各々その子細を述べたといっており、また俊範は法然の『選択《せんじゃく》本願念仏集』を論難した『弾選択』の著者定照(或は定真)に書簡を与えて、この書は一向専修《せんじゅ》の邪論を摧《くだ》くばかりではなく、傍ら三観《がん》仏乗の指帰を明《あか》すものであるといい送っている。禅宗に対しては、かの宗は仏の教を非とする祖師禅であるから、一向に外道《げどう》の法と思うべきであり、治国安民の要術の道絶えた宗であるといい、真言宗に対しては、天台は真如の理智、一法不起の処に宗を立てるから勝《まさ》っており、真言は阿字《あじ》から起る宗であるから劣っている、と述べたと伝えている。

無動寺谷の円頓房

さて蓮長は叡山に登り、この俊範に就いて天台学を学び、その法を承け伝えてから、東塔無動寺谷の円頓房の主としてそこに止住《しじゅう》していた。叡山は伝教大師最澄の時に東塔と西塔を開き、円仁《えんにん》に至って横川《よかわ》を開いて、これを叡山三塔といい、東塔の根本《こんぽん》止観院・西塔の宝幢《ほうとう》院・横川の楞厳《りょうごん》院を三院と呼んでいる。三院の中でも東塔の根本止観院は延暦寺の本院とするから、これを別として、西塔宝幢院・横川楞厳院に拮抗するものを東塔の中から選んで、無動寺をそれに当てたのである。そして延暦寺本院の主である天台座主は、山門ではこの宝幢院・楞厳院・無動寺の検校《けんぎょう》から出るのが常例となった。無動寺の在るところが無動寺谷で、元亀二年（一五七一）織田信長の叡山焼打以前には、ここに八十五房あったという。南勝房・定勝《じょうしょう》房・十善房・円頓房・純泉房などは無動寺西方の小高い丘にあり、南勝房は俊範の房で、円頓房はその直轄の房であった。蓮長は後さらに横川樺芳《かぼう》の華《け》光《こう》房を兼ね監したという伝説があり、この華光房も名家の住房で、後に定光院と改められた。

蓮長の同学

蓮長が俊範に従学した頃の無動寺の同学には、どういう学侶がいたかというに、実報房範承・正観院経海・行泉房静明・華《け》林《りん》房俊承・燈明院承瑜《しょうゆ》・実乗房教深などの名が見える。この中で範承・経海・教深の三人は慧心流・檀那流の兼学者であり、静明・俊承・承瑜の三人は慧心流の椙生《すぎう》流を承けたものである。蓮長はこれらの同学と共に俊範門下で学んだが、俊範や同学の学風から推して、大体、慧心流の天台学を主として学び、併せて檀那流の法門をも聴いたものと思われる。慧心流天台学の大体の傾向は、本覚法門といって仏の境地を立場として教説を立てるものであり、汎神論的な学風である。例えば一切衆生はそのまま仏であると説くが如くである。それに対して檀那流の学風は始覚《しかく》法門といって、仏の境地よりも仏に成るまでの道程や修行に重きを置き、いわば成仏するための方法論的な教説に主眼をおく。蓮長は慧心流の学系を引いて、この方面で伝教大師の正統を承け継ぎ、慈覚大師などの真言密教化した台密の学統に反抗する方向をとったのである。

五　諸方の歴遊

園城寺・高野山・四天王寺に歴学

蓮長は俊範門下で数年間天台学を攻究し、山門に於ける顕教（天台）・密教（真言）の大要を修得したので、一旦、山を下り、諸宗の肝要を知るために諸処の寺々を訪ね廻った。まず園城寺に赴いて智証大師（円珍）の法門をたずね、それから高野山・四天王寺・京中と歴遊したことが、晩年妙法比丘尼に与えた消息に見える。高野山は真言宗の本拠で、ここで小野流・広沢《ひろさわ》流を深く究めたようである。それは金沢文庫所蔵の『理性院血脈《けちみゃく》』（理性院は小野流）に「日蓮」とあり、また下総中山法華経寺に、新義真言の宗祖覚鑁《かくばん》（覚鑁は広沢流）の晩年の著『五輪九字秘釈』を建長三年十一月廿四日に日蓮が書写した自筆本があることから推測される。高野山の一心院谷の寂静院は、蓮長の住房の遺跡である。四天王寺は八宗兼学の道場であったので、ここで三論・法相《ほっそう》・倶舎《くしゃ》・成実《じょうじつ》・律・華厳の六宗を修学したのかも知れない。六宗を研究するならば、南都の六宗といわれる通り、当然奈良を訪ねそうなものであるのに、遺文の中に遊学の場所として南都を挙げてないのは、或は南都よりも四天王寺の方が勉学に便宜であったためかも知れない。次に遊学の場所として京を挙げているが、京中のどこで何を修学したかは、遺文からは全く知ることが出来ない。

諸方遊学についての伝説

江戸中期に出来た『本化別頭《ほんげべつず》高祖伝』などによると、京では臨済宗の円爾辨円《えんにべんねん》や曹洞宗の道元にも相見《そうけん》して禅要を問うたり、宋朝の風俗を尋ねたりして、屢〻面接する間に、二師も蓮長の非凡さに感歎し、円爾が東福寺を建立した時は蓮長も一木を贈って祝したが、後に東福寺で「日蓮木」と称して保存したという。また南都七大寺・四天王寺・高野山に歴学し、河内磯長《しなが》の聖徳太子廟に七日参籠し、男山八幡宮にも、佐女牛《さめうし》の八幡宮にも信宿し、京では冷泉《れいぜい》為家について和歌の道を問い、また儒書をも攻究したと伝える。『本化高祖年譜』(安永八年成立)の著者は、これらの巡歴をすべて宝治二年(一二四八)のこととしているが、年代としては大体差支えないにしても確かではない。

再び叡山に帰る

蓮長が諸方遊学に叡山を下ったのが何時で、遊学を終って再び叡山に帰ったのが何時であるかは分らない。ただ建長三年(一二五一)十一月に覚鑁の『五輪九字秘釈』を書写しているから、その頃には高野山か根来《ねごろ》に居たことが分り、叡山に帰ったのは建長三年の暮か、翌四年の初めであったろうと推測される。遊学の年を『本化高祖年譜』によって宝治二年とすれば、その期間は四年或は五年に亘ったかも知れない。

それはとにかく、この歴遊の間に蓮長は、八宗・十宗の肝要をほぼ習い知り、いずれの宗が真の仏教であるかの目安も大体ついたにちがいない。蓮長の諸宗批判の基準は、出家の項で述べたように、いずれの宗に対しても偏見を抱かず、経文の証拠・客観的道理・事実の証拠の三証具足していること、論蔵の学者や訳経者や人師によらず、経文を究極の依り所とすることであった。この基準に照らして諸宗を攻究するに、倶舎《くしゃ》・成実《じょうじつ》の二宗は、倶舎論・成実論に立脚した論宗で小乗の宗であり、律宗も伝教大師によって小乗戒と論断されたので、蓮長から見れば小乗宗である。それで残るのは法相《ほっそう》・三論・華厳・天台・真言・禅・浄土の大乗七宗であるが、禅と浄土とは鎌倉遊学で既に批判済みであり、法相・三論の二宗はいずれも論宗で、法相宗は成唯識論《じょうゆいしき》、三論宗はその名の通り中論・百論・十二門論の三論を所依《しょえ》としており、且つ大乗は大乗でも権《ごん》大乗と見られてきているので、斥けられなければならない。華厳宗は華厳経に立脚した経宗であり、実大乗ではあるが、天台宗からも真言宗からも第二位に置かれているので、真実の仏教とはいえない。畢竟して最後に真偽が問題となるのは、天台宗と真言宗との勝劣ということに帰する。

顕劣密勝の名残

さきに蓮長は清澄山で『戒体即身成仏義』を著わした時、顕教の天台法華は劣り、密教の真言法門は勝ると論じ、また二十二―三歳頃の著述とされる『戒法門』・『色心《しきしん》二法抄』にも真言の法門が、天台の法門に一段と立ち勝ることが暗示されていた。幼少の時から清澄山で習学したこの顕劣密勝の考えは、天台宗一般の通説であったので、蓮長もそれに疑問を深めながらも中々最後の結論を出すことが出来ず、建長三年十一月の『五輪九字秘釈』の書写までは、なお天台と真言との勝劣をきめ兼ねていたのではあるまいか。

最後の断案

さて蓮長は再び叡山に帰って来て、建長五年三―四月頃に下山するまで、一年有半の間横川樺芳ヶ谷の華光房に留っていたが、恐らくこの間に過去十年に及ぶ修学内観が成熟して、一種の悟りともいうべき心的転換が起り、従来の顕劣密勝の考えは消滅して、その反対の顕勝密劣の考えが顕然として確立し、法華経こそが真実の仏教であり、これを末法の世に弘通《ぐづう》するには南無妙法蓮華経の五字・七字の題目でなければならぬという信念が結実したものと思う。今その間の内面的思考の経緯を憶惻して見ることとする。

法華経・大日経の比較批判

天台宗所依《しょえ》の法華経と真言宗所依の大日経といずれの教説が思想的に深く、仏説として完全であるかを検討すると、次の二点に於て法華経の方が勝れていることが明瞭になった。第一は二乗成仏を説くと否とであり、第二は釈尊が久遠《くおん》無量の過去以来の仏、即ち久遠実成《じつじょう》の仏であることを明《あ》かすと否とである。二乗成仏の二乗とは小乗の声聞《しょうもん》乗と縁覚《えんがく》乗とのことで、このものたちは一切の煩悩を滅するために、肉体的条件を空無した涅槃《ねはん》を究極の目的として修行するもので、諸大乗経では盛んに非難弾指され、悪人や五逆の罪人は成仏しても、二乗は絶対に成仏出来ないとされている。実は二乗の修行態度が、涅槃の空を証《さと》るのに余りに純粋であるので、諸大乗経の思想程度では扱いきれず、そのために徒らに排斥しているに過ぎないのである。それはさて措《お》き、その諸大乗経で成仏出来ないものと極められてきた二乗を、法華経では易々と成仏を許しており、一切衆生悉く成仏し、法界《ほっかい》は皆これ仏の浄土たることを示している。大日経は他の大乗経と同様にそういうことは説いていない。また法華経には、釈尊は実には久遠劫《ごう》の過去に成仏し、その寿命は無量で本体は常住不滅であり、諸大乗経の諸仏はこの久遠実成の釈尊の分身であることが、明瞭な説法で開顕されているが、大日経には諸経と同じくそのことは何も示されていない。ただ大日経には諸経にない仏・菩薩の印・真言や、諸金剛神・明王《みょうおう》類の印・真言が説かれているが、そんなものは真実の義理を明かす了義経の条件とはならない。この二点の比較対照によって、法華経こそ真実の仏説を顕説する了義経であり、大日経はそれに対して不了義経と言わなければばならないことがおのずから明らかになったものであろう。

ここに至って、清澄登山以来、問題として残ってきた顕劣密勝の考えは、全く解消した。そして法華経こそが真実教であり、この正法《しょうぼう》を世間に弘通しなければならないとの結論に達した。さて法華経の義意が釈尊の本懐《ほんがい》であることは分ったが、それならばこの法華経を弘通するに、実践方法として天台大師が説いた摩訶《まか》止《し》観《かん》の一念三千の観心の方法を依用すべきか否か、具体的な修行方法が次の問題として蓮長の心に浮んだであろう。この一念三千の観法は、実践方法論として天台宗の骨格をなすものであるが、この理論組織の素材となったものは、法華経方《ほう》便《べん》品《ぽん》の十如是《にょぜ》、華厳経の十法界《じっぽっかい》、大智度論（大般若経についての竜樹の註解）の三種世間《さんじゅ》の説であり、法華経を典拠としたとはいっても、実質的に用いられているのは華厳経の十法界であり、法華経にしても第二品の方便品であるのである。天台大師の解釈では、法華経二十八品を二段に分類し、前半十四品を迹門《しゃくもん》、後半十四品を本門と呼び、迹門の説法は、此世に人間として生れてきた釈尊が仏陀伽耶《ブダガヤ》で正覚《しょうがく》して始めて仏となったという立場で、一切衆生は悉く皆成仏すると教え、たとえ悪人・女人《にょにん》・五逆・謗法《ほうぼう》の者でも、また諸大乗経で成仏しないと定められた二乗でも成仏すると明《あ》かしたものであり、本門の説法は、釈尊は仏陀伽耶で始めて正覚したものではなく、久遠劫《くおんごう》の昔に実は成仏していて、それ以来、種々な仏の身を現わし、時と処とに随って衆生を教化《きょうけ》して来ているのであるという釈尊の本地《ほんじ》を顕わしたものとされている。従って迹門よりも本門の方が勝れていることになる。天台大師の一念三千の方法論は、迹門に属する方便品に依拠しており、その上に三諦《たい》円融の論理で仕立てられているために、難解であり、一般凡夫の容易に行《ぎょう》じうるものではない。しかも蓮長の時代はいわゆる末法の世であり、末法時には仏教を修行するものがなく、況んや証《さとり》を得るものなど皆無とされているので、このような末法時の衆生を救うには、迹門仕立ての難解な一念三千の理論では、到底成果を期待することは出来ない。もっと直接に仏の本性そのものを心の中に呑み込ませるような行法《ぎょうぼう》でなければならない。即ち、本門仕立ての簡明な行法でなければ、末法の世には適合しないと考えたようである。

上行菩薩の発見

そこで蓮長は法華経を仔細に検討して行く中に、神力品《じんりきほん》第二十一と属累《ぞくるい》品第二十二に於て、釈尊が上行《じょうぎょう》菩薩に、この法華経を自分の滅後に弘通するよう付属しているのを発見した。経文は必ずしも上行菩薩だけを挙げているのではなく、神力品では「上行等ノ菩薩」とあり、属累品では「上行等ノ無辺阿僧祇《あそうぎ》ノ菩薩大衆」となっているが、蓮長は上行菩薩を特に重んじて、それだけに限って経文を読んだようである。また滅後の弘通というその滅後を末法時と解釈して、末法の世に於て法華経を弘通し得る資格のあるものは上行菩薩だけであるとし、しかもその付属は本門の釈尊、即ち久遠実成《くおんじつじょう》の本仏《ほんぶつ》からなされたのであるから、末法時の法華経弘通は益〻上行菩薩でなければならないことになる。

この上行菩薩というのは、無辺行菩薩・浄行菩薩・安立行《あんりゅうぎょう》菩薩と並び称せられ、従地涌出品《じゅじゆじゅじっぽん》第十五に於て、娑婆世界の地が震裂して下方虚空《げほうこくう》の中から涌出した、六万恒河《ごうが》の沙の数にも等しい、いわゆる地涌《じゆ》の菩薩の四導師の一である。蓮長は上行菩薩以下の地涌の菩薩を、久遠劫の昔から本仏としての釈尊の教化を受けて来た菩薩であると解し、本化《ほんけ》の菩薩と呼んで、後に蓮長自ら上行菩薩の再誕であると信じたように、実在の人物のように考えているが、経意は全く違っている。経文の叙述は表面上、菩薩として人間的行動をとっているように叙しているが、その趣意は仏の機用を明かすことにあり、娑婆世界が震裂して涌出したという娑婆世界とは、心意識の活動の世界であり、その下方虚空中に住すとは、心意識の活動を純粋無雑ならしめる、即ち仏陀的活動を可能ならしめる内因を寓意しているのである。従って地涌の菩薩は仏陀の機用を擬人的に戯曲化したものであり、六万恒河沙の地涌の菩薩全体に意味があるので、その中の上行菩薩は他の無辺行・浄行・安立行の三菩薩と共に、仏陀的活動の四つの特色を表わした名称に外ならない。因みに上行の原語の意味は、勝れた行為ということで、属性としては抽象的であまりはっきりしない。これを、実在の菩薩と見るのは日蓮の特異な見方で、仏教伝統の歴史的制約があるとはいえ、法華経述作者の原意と全く無関係といわねばならない。

それはとに角、蓮長は、仏の滅後末法時に於て法華経を弘通する資格のあるものは、法華経神力品・属累品で、本仏の釈尊から付属を受けた上行菩薩だけであるとの確信を抱くに至った。そして上行菩薩の受けた付属の法は、本仏の力用(用)と実体(体)、本門の要旨(宗)であって、それらは南無妙法蓮華経の五字・七字の題目の中に収約されているとの結論に漸く落着することが出来た。そうすると道理の必然上、末法の世のこの日本に上行菩薩が出現して、法華経の本門を説かなければならないことになる。蓮長は心密かに、この頃すでに自らを上行菩薩に擬していたもののようである。建治四年（一二七八）安藤藤次に宛てた『三沢鈔《みさわしょう》』に、「日蓮は其御使ではないけれども、其の時剋にあたっている上、存外にこの法門をさとったから」と述べているのは、この当時を述懐して言ったものと思われる。もっとも上行菩薩の再誕であると明らかに示したのは、晩年に身延山に隠棲した文永十一年の十二月に図顕《ずけん》した特異な大曼荼羅においてではあったけれども。

このようにして蓮長は、叡山十二年の修学の結果、真実の仏法は法華経であり、法華経の中でも本仏釈尊が上行菩薩に付属した本門の肝心、南無妙法蓮華経の五字・七字の題目が、釈尊出世の本懐《ほんがい》であるとの結論を確立し、智者に我が義破られずば用いじとの牢固《ろうこ》たる信念を得るに至った。ここに嘗て幼少の時以来抱いてきた大疑問が、曇りなく解決したので、この正法《しょうぼう》を日本国中に宣揚する使命を感じて、建長五年（一二五三）の三－四月頃、俊範の許《もと》を辞し、父母・師匠の待つ故郷安房の国へ向った。

第三　立　宗

一　清澄山の開教

叡山十二年の修学の功を畢《お》え、いずれか釈尊の真実教の大疑を解決して、蓮長は建長五年（一二五三）、三十二歳で故郷安房の国に帰省した。そして旧師道善房や法兄義浄・浄顕等の待つ清澄山に登り、帰省の挨拶をすると共に、自ら証得した法門を師兄に説いて正法に帰せしめ、多年の法恩に報いようとしたであろう。けれどもその時に証得の法門をどのように説いたかは、遺文にあまりはっきりした記載がない。建治二年（一二七六）に清澄寺の大衆に与えた消息に、

禅宗・浄土宗なんどと申は又いうばかりなき僻見の者なり。此を申さば必（ず）

日蓮が命と成べしと存知せしかども、虚空蔵菩薩の御恩をほうぜんがために、建長五年四月二十八日安房（の）国東条郷清澄寺道善之房持仏堂の南面にして、浄円房と申者並に少々大衆にこれを申しはじめて、其後二十余年が間退転なく申、……

とあるから、建長五年四月二十八日に、清澄寺の道善の房（諸仏房）の持仏堂の南面で、浄円房及び僅かの大衆に向って、禅宗や浄土宗が邪見の宗であるという破折《はしやく》の法門をまず説きはじめたことは事実である。これは消極的な破邪の説法であって、正法を建立《こんりゆう》する積極的な説法とはいえない。

開教に関する伝説

偽書といわれる『本門宗要抄』では、三月二十二日の夜から一七日《いちしちにち》の間、室内に入定《にゆうじよう》し、二十八日の早朝、朝日に向って十遍ばかり、自ら南無妙法蓮華経と唱え、ついで午の時から説法を行い、念仏無間《むけん》・禅天魔・真言亡国・律国賊の四大格言と、天台は過時古暦《ときすぎたるふるごよみ》なりとの五ヵ条の法門を、地頭の東条景信に説いて、刀杖の難に値《あ》おうとしたと述べている。

また『日蓮大聖人註画讃』以後、旭の森の唱題開宗の伝説がある。即ち蓮長は四月二十一日から一七日を期して、清澄山の行場《ぎょうば》に籠り、日日、水行《みずぎょう》を行っていたが、その練行満願の四月二十八日の爽昧《そうまい》、行場を出、森の下道をたどってあたりの山頂に登った。東方漂渺たる太洋の彼方の水平線から、暁闇を破って輝き出る旭日に向って、大音声に南無妙法蓮華経の玄題を十声ばかり唱え出したというのである。

『宗要抄』では南無妙法蓮華経の唱題と、念仏・禅・真言・律の四宗及び天台宗の破折のことを記述し、『註画讃』等は唱題を劇的に潤飾している。つまり蓮長の開宗は、消極的の面では諸宗の破折となり、積極的の面では南無妙法蓮華経の唱題となっている。諸宗の破折は前に挙げた清澄寺大衆に宛てた消息中にも、念仏・禅の二宗に対して「いうばかりなき僻見の者なり」と言っているから、開宗の当初に行ったと認めることが出来る。ただ、真言宗・律宗についても行ったか否かは疑問である。もっとも清澄寺大衆宛の消息の前掲引用文の前に、「真言宗は法華経を失ふ宗也」といって、真言宗を破折する文章があるが、真言宗の破折は『立正安国論』にも全然見えておらず、文永六年になって始めて行っているのであるから、その部分の消息の文章は開宗当初のことを叙したものと見ることは出来ない。勿論、天台宗の破折も若しそういうことがあったとすれば、佐渡流罪中『観心本尊鈔』を著わした以後でなければならず、『観心本尊鈔』で天台沙門といわず本朝沙門日蓮と署名した時は、内心では天台宗を止揚した立場を自認してはいたが、あからさまに天台宗を破《は》するような言葉を用いてはいない。従って天台宗の破折ということは、開宗の時は勿論、生涯を通じて行ったことはないと見るべきであろう。

次に唱題の事実の有無であるが、正確な遺文からは明らかでないにしても、後年の著作に於て、本門の肝心南無妙法蓮華経の五字を地涌の菩薩に付属したとい い(『観心本尊鈔』)、命の通わん程は南無妙法蓮華経・南無妙法蓮華経と唱えて、唱え死に死ぬると、烈しい気迫を以て唱題を説いている(『如説修行抄』)ことなどから推測して、開教の当初に於ても、自ら唱え、師兄・大衆にもそのことを勧めたと見るべきであろう。更に憶測を加えれば、禅宗・浄土宗を破するに当って、釈尊出世の本懐は法華経であり、法華経を説くまでの四十余年間に説いたという諸経は、法華経を理解させる準備のための方便の経であって真実の経ではなく、真実の経は法華経だけであると明示し、この真仏教たる法華経を閣《さしお》いて、方便経に依拠する浄土宗などを国中上下のものが信ずるから、承久の乱のような下剋上が起り、上皇が孤島で崩御されるような、我が国史上未曽有な事態が結果したのであると断言したかも知れない。

このような蓮長の開教の説法を聴いて、師の導善房をはじめ清澄寺の大衆は期待を裏切られて驚愕し、恐らく聴聞の座に居たであろう地頭の東条景信は、自分の宗旨である浄土宗が邪法と極めつけられたので、忿懣《ふんまん》の念に堪えなかったであろう。それで景信は蓮長の下山を待ち受けて、これを殺す積りであったようである。道善房は、このような周囲の空気を見て遂に蓮長を勘当し、地頭の刀杖の害を脱《のが》れさせるために、浄顕・義浄の二人の法兄をつけて、間道から下山させ、西条《さいじょう》の華房《はなぶさ》村の青蓮房に避難させた。ここでも阿弥陀堂の開堂供養をする者が蓮長に説法を頼んだところ、蓮長は阿弥陀仏は西方《さいほう》の教主で、娑婆世界の教主ではない、故に娑婆世界の衆生は此土の教主である釈尊を信奉しなければならないと説いたので、ここでも亦擯出《ひんずい》を受けた。

蓮長は、真実教の法華経を弘通し、念仏等を方便教として破《は》すれば、刀杖瓦石《とうじょうがしゃく》の害を蒙り、数々見擯出《さくさくけんぴんずい》の難を受けることは、法華経の経文に照らしてかねて予期していたところで、「日本国に此をしれる者ハ但《ただ》日蓮一人なり。これを一言も申シ出すならば、父母・兄弟・師匠ニ国主ノ王難必（ず）来ルべし。いはずば慈悲なきににたり」（『開目鈔』上）と覚悟の程を述べており、故郷において師匠や法兄達にはすでに説いたから、更に幕府のある鎌倉に出て、この真実の教法を広く世間に弘通《ぐづう》しようと進むべき路を決した。鎌倉に出る前に蓮長は、故郷に父母を訪ねて法華経に帰信させている。その時期は、清澄山から下山してすぐか、又は西条の華房村を擯出《ひんずい》されてから戻ったのかは明らかではない。後年の追懐に、「父母手をすりて制せしかども」（『王舎城事』）と述べているから、父母は初めは余り過激な折伏《しゃくぶく》説法をひかえるように懇望したのであろう。けれども蓮長が、経文を引き、道理と現証とを挙げて、法華経が釈尊出世の本懐《ほんがい》である所以を真心こめて説き明《あ》かしたので、父母も遂に蓮長に帰依するようになった。そこで蓮長は父に妙日、母に妙蓮という法号を授け、父母を最初の弟子としてまず四恩の一を報じ、自らは父母の名を併せて日蓮と改名したと伝説する（『本化別頭高祖伝』）。

二　鎌倉の弘通

日蓮と改名した蓮長は、正法宣布の大志を抱いて、故郷の小湊から安房の西海岸に出、泉谷（今の南無谷）から船に乗って三浦半島の米《よね》ヶ浜（今の横須賀）に渡り、三浦街道を経て鎌倉の東南名越《なごえ》に着いた。時に建長五年五月であった。そしてこの名越の松葉ヶ谷《やつ》という所へ小さな庵室を結び、静かに法華経を読誦《どくじゅ》し、正法弘通の方法を考えていたようである。『元祖化導記《がんそけどうき》』によると、早天から庵室で法華経十巻の一巻ずつを読誦し、松葉ヶ谷の山中に経行《きょうぎょう》して方便品乃至神力品などの要品を読誦したといい、『日蓮大聖人註画讃』によると、名越山中で、高声に南無妙法蓮華経と唱えたと伝える。

名越に庵室を構う

かくして半年を過ぎた建長五年の末に、一人の旅僧がこの庵室を訪れた。この僧は下総の印東祐昭の子で、出家して成辨《じょうべん》と称し、比叡山に登って天台宗の教義

日昭の入門

を研鑽していたが、法華経と大日経とは根本の理は同じでも、具体的な事《じ》は大日経が勝《すぐ》れているという理同事勝《りどうじしょう》の説に疑いを抱き、正邪を決しかねていたところ、たまたま日蓮が関東で新教を唱えていると聞いて、義弟の平賀有国を介して松葉ヶ谷を訪れたものであった。成辨は日蓮に面会して、今まで抱いていた疑問を質《ただ》した。日蓮は自身も曽て叡山遊学で最後まで解決に苦労した問題であったので、その釈義は一々肯綮《こうけい》に当り、成辨も年来のわだかまりが氷解して遂に日蓮に帰服し、自分は一年の年長であったが弟子となり、日昭の戒名を授けられた。日昭はもとの名が成辨であったので辨阿闍梨とも呼ばれ、これから永く日蓮門下の長老柱石となり、日蓮も自分が法難に殪《たお》れた場合には、日昭を後継者にする心算であった。日昭は後年日蓮寂後、伊豆の国玉沢の妙法華寺の開山となっている。

師弟二人の草庵生活に、翌年には又一人の弟子が加わった。それは日昭の妹が下総の国の平賀有国に嫁いで生れた子で、この時十歳。伯父を頼って門に入り、後得度して日朗の名を受け、日蓮の一生に影の如く随侍した。恰も釈尊に対する阿難の如く、常侍の弟子として日蓮に事《つか》え、日蓮が身延に隠退した後は、鎌倉に踏み留まって教団を守り、多くの俊才を養成した。

伝説によると、日蓮は日昭という後継者を得たので、いよいよ折伏《しゃくぶく》の説法を行う決意をし、日昭に、万一日蓮が身命に及ぶ時は、第二陣を承わられよ、門弟が出来たならば、遭難の時はその衆と共に難を避け、必ず第二陣に残られよ、ゆめ日蓮と共になどあるべからずと約したという。

それから日蓮は、幕府の前通りに近い小町の夷《えびす》堂の傍らの広場に毎日のように出掛けて、ここに「辻説法」ということを始めたと伝える。この辻説法のことは遺文には記されていないが、伝説によれば、諸経は方便であって法華経のみが真実であるとは、仏教の教主釈尊の金言であるといって、その論証を述べ、法華経は後の五百歳に広宣流布《るふ》すると仏も説き、天台・妙楽《みょうらく》・伝教の三大師も、末法の

日蓮辻説法の跡（鎌倉市小町）

始め第五の五百歳から弘まると予言している。ところが、この娑婆世界の教主である釈尊の予言を捨て、西方《さいほう》極楽世界の教主たる阿弥陀仏の本願にのみ頼り、その上、法華経の教は甚だ深すぎて末法の凡夫には到底分らず、末法は法華経の弘通には適当な時期ではないといって、これを抛《なげう》つものは謗法《ほうぼう》の罪によって無間《むけん》地獄を免れない。或いはまた仏法は心を悟るに在り、心を悟るには経文に依る必要はない、経は月を指《さ》す指で、心は月そのものである、月を見て後は指は要はない、経を尊ぶのは月を見ないで指を見るようなものであるといって法華経を軽んじ、凡夫僧の語録を尊ぶのは、天魔の所為であると説いて、念仏・禅宗を破折《はしやく》したと伝える。

前節の開教の項で述べたように、清澄寺の持仏堂で、禅宗・浄土宗を破折しているので、辻説法という事実の有無はとにかくとして、鎌倉で説法弘通した最初は、念仏と禅宗とを破折して、法華経のみが釈尊の真実の教えであるという主旨を強調したことは間違いないように思う。この頃はまだ真言宗には論及せず、真言宗を破折し始めるのは、文永六年に二度目の蒙古牒状が来てからである。

さて、法華経が諸経の王で真仏教である、との主張には耳を傾け感歎したものも、「法華経を捨閉閣抛《しやへいかくほう》する念仏は、無間地獄の業因《ごういん》なり」とか、「教外別伝《きようげ》と唱えて法華経を貶《おと》す禅は、天魔波旬《はじゆん》の法なり」とかいう折伏の言葉を聞くと、或いは瞋《いか》り嘲《あざけ》り、或いは罵り騒ぎ、中には石を飛ばし、瓦を投げるものもあった。けれども日蓮は、杖木瓦石《じようもくがしやく》の迫害を蒙った常不軽菩薩《じようふぎよう》の修行を自身に実践する思いで、意気愈々揚り、一年、二年、三年と折伏の説法は続いて行った。

その中に聴衆の中の真面目なものは、従来の信仰に疑いをもつようになり、再び、三たび辻説法を聞く中に、松葉ヶ谷の庵室まで訪ねていって親しく教化を受け、旧宗を捨てて日蓮の教えに帰服するものも出て来た。それらのものが友に改宗を勧めて日蓮の許《もと》に連れて来たので、やがて松葉ヶ谷でも法会《ほうえ》が開かれるようになった。このようにして三年、建長八年（一二五六）は康元元年と改元された。

富木胤継等の帰信

この頃までに日蓮に帰依したものを挙げると、まず下総の国の富木《とき》五郎胤継・太田金吾乗明・曽谷《そや》左衛門尉教信（法蓮房日礼）がある。富木胤継ははじめ因幡の国富城《とき》郷を領し、のち下総の国葛飾郡八幡庄若宮邑に住した有力者で、後に入道して日常と称し、その居宅は中山法華経寺となった。太田乗明は源三位頼政の子孫と伝えられ、富木胤継の妻の弟であったので、その縁によって日蓮に帰服するようになった。曽谷教信は下総曽谷の住人で、畠山重忠の子孫と伝えられ、これまた富木胤継によって日蓮に謁して、改宗するようになった。後に身延において剃度《ていど》して、日礼の法号を受けている。また安房ｏ国には、天津の領主工藤《くどう》左近将監吉隆がいる。弘長元年（一二六一）日蓮が伊東に流された時は、使を遣わして何等か尽力したので、翌年、日蓮は『四恩鈔』を書いてこれを謝した。文永元年（一二六四）小松原法難の時は天津から馳せつけて奮戦し、終《つい》に難に殉じている。この時、吉隆が来合わさなかったならば、日蓮は殆んど危《あや》うかったのである。

一方、鎌倉においては、北条氏の一門江馬入道光時の家臣に四条金吾頼基というものがあった。初め、建長寺の蘭渓道隆《らんけいどうりゅう》に参禅していたので、日蓮が、禅宗は天魔波旬《はじゅん》の法なりと罵るのを聞いて憤慨し、松葉ヶ谷に出掛けて行ってこれを屈服させようとかかった。暫し問答を重ねる中にその智解《ちげ》と道理とに服し、同じく蘭渓に参じていた荏原《えばら》左衛門尉義宗・池上宗仲・同宗長を語らって倶に日蓮の篤信者となった（『本化別頭仏祖統記』）。頼基は竜ｏ口法難の時、徒歩跣足《かちはだし》で日蓮の馬の口に附き従い、日蓮の難に殉じようとした。その後も、佐渡や身延へ訪ねて行って日蓮によく仕えたので、日蓮は頼基を最も愛していたようで、『遺文録』には頼基宛の消息が凡そ三十五通にも上っている。建治三年（一二七七）金吾が良観・竜象の信徒から主人の江馬入道へ讒言された時、日蓮は頼基のために弁明の陳状《ちんじょう》を代作してやった。翌弘安元年（一二七八）、頼基が幕府出仕の人数に加えられると、その出仕の様子を伝え聞いて大いに喜び、それにつけて危害に遭わぬように、身の用心についてこまごまと注意を与えている。頼基などに次いで、正嘉元年（一二五七）には、甲州波木井《はきり》の地頭波木井六郎実長が、勤番で鎌倉に来た時に日蓮に謁してその信徒になった。後年日蓮が身延に隠退した時は、庵室を造り、生活の資を給してよく奉仕した。のち、剃髪して法寂日円の法名を授けられている。以上、凡そ十名程の中流武士が在俗の弟子となったが、多くは幕府の御家人《ごけにん》であったらしい。そしてこの数年間に、叡山天台学徒の新しい教団が形成されて来たのである。

三　立正安国論の上書

天変地夭の連続

建長八年(一二五六)は春から夏にかけて、雷雨・霖雨がつづき、八月には暴風雨の襲来で、山崩れのために死者が多く出来、田畠の損害も甚だしかった。その月、京都で流行していた赤斑瘡《あかもがさ》が鎌倉に伝播し、前将軍藤原頼嗣が罹《かか》って薨じ、九月には将軍宗尊親王が罹られ、ついで執権北条時頼及びその幼女に伝染して、幼女は死亡した。禁裏でも後深草天皇が罹病されたので、遂に十月五日に康元と改元になった。十一月、時頼はまた赤痢を患ったため、別業の最明寺で剃髪入道し、執権職を武蔵守長時に譲り、長時の叔父政村を連署とした。

康元二年二月、太政官庁が焼亡し、続いて京都には珍しい大地震があり、また五条大宮殿が炎上したので、改元後わずか五ヵ月で、三月十四日にまた正嘉と改元になった。すると四月の月蝕についで五月に日蝕があり、また京都に洪水、鎌倉に大地震があった。六月・七月は旱魃《かんばつ》で、京も鎌倉も祈雨に焦慮していると、八月一日に鎌倉にまた大地震が起った。このような災夭《さいよう》の連続で、人々が慄《ふる》えていると、八月二十三日の戌《いぬ》刻(午後十時)に鎌倉に前代未聞の大地震があった。『吾妻鏡』にその有様を記して、「大地震、音あり、神社・仏閣一宇として全きはなし。山岳頽《たい》崩《ほう》し、人屋顚倒し、築地《ついじ》皆悉く破損し、所々地裂けて水涌きいず。中にも下《げ》馬《ば》橋の辺、地裂け破れ、其中より火炎燃え出でて色青し。」といっている。それからも九月にかけて小震は止まず、十一月八日には再び大地震があった。人々は恐怖のどん底に陥った。災異はそれだけに止まらず、正嘉二年春には鎌倉に烈風・暴雨があり、夏は旱魃で五穀が枯れ、八月一日の大暴風雨は更に諸国の田畠を悉く損亡《そんもう》せしめた。十月は十六日に豪雨・洪水で、屋宅流失し、人畜の溺死するもの多く、それに月蝕があった。翌年三月にはまた正元と改元された。前年の災害で飢饉が起り、それに加えて疫病が流行し、幕府も朝廷も諸社に頻りに祈請を行った。けれども飢饉・疫癘《えきれい》は弥々甚だしくなり、京都では十三－四歳の小尼が死屍を食ったという。

ここに於て、数年来名越《なごえ》の庵室にあって、次ぎ次ぎに起る災害を見て来た日蓮は、このような前代未聞の天変地夭が何故に起るのか、その原因を明らかにして、大いに世間に警告すべき時期が到来したと考えた。災難の原因を明らかにするといっても、勿論、自然科学的にではない、当時の伝統的宗教思想によってであり、しかも日蓮は仏教徒であるから、経典に証拠を求めて証明しようというのである。日蓮としては、結論はすでに下していた。それは世間が、真実の教えである法華経を抛《なげう》って、邪法たる念仏・禅宗を信ずるからだ、と断定していたのである。けれども世間を承服させるには、経文の証拠を示して、現前の事象に道理と文証《もんしょう》とを具備せしめなければならない。法華経に直接の文証となるべき明文があれば事は容易であるが、法華経にはこの点に関する十分な文句がない。そこで広く諸

岩本実相寺に籠る

経を渉猟して的確な文証を集めなければならないので、日蓮は一切経蔵のある所を求めて、駿河の国富士郡蒲原《かんばら》の荘の岩本の実相寺の経蔵に入り、ここで正嘉二年(一二五八)から正元二年(一二六〇)まで足掛け三年間、探求閲覧をつづけた。

そして法華経を貶《へん》した邪宗が横行するから、人心の乱れに乗じて悪鬼が災いを起し、善神は国土を見捨て去るという論旨を、諸経の文証によって次第に裏附けて行った。その結果、正元元年に『守護国家論』を著わした。その趣旨は、一切の災禍の因由を念仏の流行に帰し、これに対して法華の正法《しょうぼう》を宣揚しなければならないと主張しているが、諸々《もろもろ》の災難に関する諸経の文証は未だ具わっていない。それが翌年の『災難対治鈔』になると、金光明経《こんこうみょうきょう》・大集経《だいじっきょう》・仁王経《にんのうきょう》等の文証を挙げ、建長八年八月から正元二年二月に至る地震・大風・飢饉・疫病の災難は、法然の『選択《せんじゃく》本願念仏集』の謗法《ほうぼう》に起因するとし、これを退治するには念仏の謗法をやめて、法華の正法を建立しなければならないと説いている。かくして岩本実相寺の経蔵で広く諸経の文証を調べ上げた日蓮は、正元二年に名越の庵室に帰来し、愈ゝ世間を警醒しようとして『立正安国論』と名付ける国家諫暁《かんぎょう》の勘文《かんもん》を作成し、文応元年(一二六〇)七月十六日、時頼入道の近臣、宿谷《やどや》左衛門尉光則に面会して入道に進達せんことを求めた。日蓮はその趣意を説明して、「禅宗と念仏宗とを失ひ給ふべしと申させ給へ。此事を御用ひなきならば、此一門より事をこりて他国に攻められさせ給ふべし」(『撰時鈔』)と陳《の》べた。宿谷光則はこの強言《ごうげん》に驚いたであろうが、ともかくこれを時頼に進達したもののようである。

『立正安国論』の文章は、修辞に意を用い、四六駢儷体《べんれいたい》に倣《なら》って対句《ついく》を並べ、音韻にも深く注意を払った洗錬されたものである。そして旅客と主人との間の問答体という体裁をとっているが、恐らく評定《ひょうじょう》の席で朗読するように想を練ったものと思われる。

立正安国論の要旨

最初は近年の災異に関しての叙述から始まる。

旅客来りて嘆いて曰く、

近年より近日に至るまで、天変地夭・飢饉疫癘、遍く天下に満ち、広く地上に迸《はびこ》る。牛馬巷《ちまた》に斃《たお》れ、骸骨路に充てり。死を招くの輩《ともがら》既に大半に超え、之を悲まざる族《やから》敢て一人も無し。……是何《いか》なる禍に依り、是何《いか》なる誤に由るや。

これに対する答えは、世人が皆、正に背《そむ》き、悪に帰したから、善神は国を捨てて相去り、聖人は所を辞して還らず、この故に魔や鬼が来て災難が起ったのであるとし、金光明《こんこうみょう》経の種々災、大集《だいじつ》経の三災、仁王《にんのう》経の七難、薬師経の七難を挙げて文証としている。これらの災難を総括すると、三災七難であり、三災とは、飢饉で五穀が騰貴すること、兵革が起ること、疫病が流行することであり、七難とは、薬師経に謂う所によると、一は人衆《にんしゅ》疾疫の難、二は他国侵逼《しんぴつ》の難、三は自界叛逆《ほんぎゃく》の難、四は星宿変怪《へんげ》の難、五は日月薄蝕《にちがち》の難、六は非時風雨の難、七は過時不雨の難である。

これらの三災・七難の中、正嘉以来の相続く変夭で前の六つは既に現前したから、内訌《ないこう》・外患も必ず来るであろうと暗示し、その原因は、妄《みだ》りに邪説を信じて正教を辨《わきま》えぬからであると論ずる。その邪説の中の最《さい》たるものは、法然の『選択《せんじやく》本願念仏集』であり、法然はその中で聖道《しょうどう》・浄土の二門を立て、聖道門は難行道《なんぎょうどう》で、末法の世には一人も成仏する者はない、末法の凡夫は専ら浄土門の易《い》行道に依って往生浄土を願うべきであり、往生の行には浄土三部経の外は如何なる大乗経も読誦《どくじゅ》してはならない、極楽浄土の阿弥陀仏の外は、釈尊を始め一切の諸仏菩薩を礼拝してはならない、それらの経巻は捨て閉じ閣《さしお》き抛《なげう》って、専ら弥陀のみを礼拝し、称名《しょうみょう》念仏すれば、百人が百人往生は疑いないと説いているが、誠に是は諸仏諸経の怨敵《おんてき》であり、聖僧衆人の讎敵《しゅうてき》であると、法然の専修《せんじゅ》念仏を痛撃する。そして天下泰平・国土安穏を楽《ねが》うならば、謗法を禁じて正道を重んじなければならぬ。今日は薬師経七難の内の五難忽ち起り、他国侵逼・自界叛逆の二難が残り、大集経の三災の中の二災は早く現われ、兵革の一災だけが未だ起らず、金光明経の種々の災禍ほぼ起って、他方の怨賊《おんぞく》国内を侵掠する災いのみ未だ来らず、仁王経の七難の内六難今盛んで、四方の賊来って国を侵す難だけが未だ現われない。若し国の謗法を退治しなければ、必ず残っている自界叛逆・他国侵逼の二難も起るであろう。早く信仰の寸心を改めて、速かに法華一乗に帰するようにせよ。そうすれば、三界は皆仏国、十方は悉く宝土となり、身は安全、心は禅定《ぜんじょう》となろうと勧め誡める。最後に旅客の詞として、経文を披《ひら》き仏語を承るに、文証《もんしょう》明らかに道理詳らかで、疑いを容れないから、速かに謗法退治の方策を廻らして天下の泰平を致し、まず生前を安んじ更に歿後を扶《たす》けよう、ただ自分だけが信ずるばかりではなく、他の誤りをも誡めようと思うと結んでいる。

この『立正安国論』を見て不審に思われることは、謗法《ほうぼう》として退治の対象とされているのは、念仏宗だけであって、禅宗には一言隻句も触れていないことであり、また上書《じょうしょ》の相手に何故既に隠退した最明寺《さいみょうじ》時頼を選んで、時の執権北条長時を選ばなかったかということである。日蓮が禅宗を念仏宗と共に破折《はしゃく》する態度は、清澄《きよすみ》寺の開教以来変らず、禅宗の破折をやめたわけではない。それならば、何故に『立正安国論』で、禅宗についてだけ論及しなかったかというに、時頼は曹洞宗の道元を鎌倉に迎えたり、また臨済僧の蘭渓道隆《らんけいどうりゅう》を鎌倉に迎えて、建長寺の開山に請《しょう》じ、円爾辨円《えんにべんねん》を招いて菩薩戒を受けたりして、禅宗に帰依していたので、恐らく日蓮は時頼の立場を顧慮し、『安国論』が評定の席で審議される際に、時頼の面目の潰《つぶ》れないようにという心遣いをしたものであろう。けれども、宿谷入道を通じて、口頭で、禅宗・念仏宗を失わなければ、一門に内訌が起り、他国の侵略を蒙るであろうと進言している。また特に時頼を選んで進達したのは、執権長時は大の念仏信者である極楽寺入道重時の子で、宗教的偏見の強い人物であるのに反して、時頼は自身は禅宗に帰依していたけれども、台密の隆辨を請じて祈禱を修したり、律宗の復興者叡尊が鎌倉に来た時は、自らその旅宿を訪れたりして、宗教には割合い公平な考えをもっていたからである。それにまた、時頼は北条氏の得宗《とくそう》(家督のこと)の地位を強化しようと考えて、執権をやめても幕府の実権を握っていたから、直接時頼に当ったほうが、事が早く運ぶからである。

このような烈しい勘文《かんもん》を提出したからには、必ず念仏者から迫害を受けることは当然予想せられる。ただ、時頼がこの上書に対してどういう処置を取るかが、日蓮の大きな関心事であったに相違ない。けれども、時頼はこれを黙殺して、何の反応も示さなかった。為政者としての時頼の立場を考えれば、それは当然の処置であり、寧ろ、日蓮に対して好意ある態度とも推察せられる。日蓮も時頼の心事を感じていたらしく、時頼に対してだけは好意に満ちた筆づかいをしている。

第四　迫　害

一　松葉ヶ谷の焼打

念仏者の憤激

最明寺入道は、『立正安国論』の上書を黙殺して、表沙汰にしなかったけれども、納まらないのは念仏者達である。数年来、小町街頭の辻説法で、念仏宗を罵りつづけて来た上に、今度は最明寺殿に勘文《かんもん》を上《たてまつ》って、念仏宗を謗法《ほうぼう》といい、この謗法を速かに退治しなければ、北条一門から事が起り、他国の侵略を蒙るであろうと強言するとは以ての外、此上は最早、容赦ならずと騒ぎ出した。けれども念仏者の中の学者である道阿弥陀仏道教すら、二口・三口の論談で、閉口させられてしまったのであるから、論議では到底屈服させることは出来ない。そこで暴力をもって、日蓮の信者を種々に迫害し始めた。「大名であっても道理の分らない侍ども、財があっても分別のない在家の有力者たちは、挙《こぞ》って日蓮を仇とし、或は私に狼藉して日蓮の方のものを打ち、或は所払いにし、或は勘当するなど、数を知らず」(『破良観等御書』)という有様であった。また、幕府の権力を藉《か》りて圧迫を加えようと要路に訴えても、最明寺殿は日蓮の人物・学識を認めて、左右《そう》なく罪科にも行わない。そこで念仏者達は、執権長時の父の極楽寺入道重時の力を藉りて、日蓮を失おうとの策をとった。重時は法然の高弟証空の門人修観(又は宗観)に従って入道しており、執権の父として幕府に隠然たる勢力をもち、かの東条景信の主家に当る人物であった。

庵室の襲撃

彼らは重時入道の勢力を後楯《うしろだて》として、遂に文応元年八月二十七日の夜、月なき闇を利用して、大挙して松葉ヶ谷《まつばがやつ》の庵室に押し寄せ、投げ松火《たいまつ》に火を掛けて乱入し、日蓮を打殺そうとした。居合わせた進士太郎善春と能登房は防戦したが、衆寡敵せずして手傷を負い、日蓮は猿の導くままに、裏山の山王の社のあるところへ行って、僅かに生命を遁れたと伝える。後年この時を追懐して「先《ま》ず大地震について、去る正嘉元年に、書を一巻註したりしを、故最明寺入道殿に上《たてまつ》る。御尋もなく御用ひもなかりしかば、国主の御用ひなき法師なれば、害《あやま》ちたりとも科《とが》あらじとや思ひけん、念仏者並に檀那等、又さるべき人々も同意しけるとぞきこえし。夜中に日蓮が小庵に数千人押しよせて、殺害せんとせしかども、如何したりけん、其の夜の害もまぬかれぬ。然れども心を合はせたる事なれば、寄せたる者も科《とが》なくて、大事の政道を破る。……御式目をも破らるゝか。」(『下山御消息』)と述べている。「心を合はせたる事なれば」といっているので、暴徒の背後に極楽寺重時入道観覚が、黒幕としていたことが分る。また、権人《きりもの》ども、町人《まちうど》等を語らって、数万人のものが夜中に庵室へ押寄せ、失おうとしたが、十羅刹《らせつ》の御計いでか、日蓮はその難を免れたともいっており(『破良観等御書』)、要路の権勢者が、町方のものを煽動《せんどう》して、庵室襲撃をやらせたことは明らかである。

日蓮は一旦、裏山へ脱《のが》れたものの、鎌倉にはもはや留まるわけにはいかないので、暫く鎌倉を避けて、下総の富木《とき》五郎の宅に身を寄せた。鎌倉での災難は、下総に於て、布教の上に思わざる結果をもたらした。富木胤継は若宮邑の居所に日蓮を迎えて一堂を建て、そこで連日の法談を請い、近郷の近親武士を招いた。『高祖年譜』によると、曽谷《そや》教信・太田乗明・秋元太郎兵衛などが、富木氏の縁によって、この時日蓮に謁し、旧宗を棄てて檀越《だんおつ》になったという。また先に岩本実相寺から鎌倉について来て、弟子となった日興《にっこう》も、下総に来て常に近侍していた。このように下総滞在は有力な信者を得る機縁となり、中山の富木邸が、後年重要な道場となる端緒を開いたのである。

二　伊豆の流罪

富木《とき》の邸から武蔵を経て松葉ヶ谷《やつ》へ帰ったのは、何時か明らかではないが、翌弘長元年（一二六一）の晩春か初夏であったらしい。鎌倉へ帰ると日蓮は、再び小町の辻へ出て、強諫《ごうかん》の法鼓《ほっく》を鳴らし始めた。

念仏者の訴訟

驚いたのは念仏者達であった。去年の庵室焼失で当然焼死したであろうと思っていた日蓮が、再び鎌倉へ現われたのみならず、前よりも一層烈しい折伏《しゃくぶく》の説法を始めたのであるから、憤りを新たにして、日蓮を失う第二の手段を考えた。そこで例の町方の有力者を語らって、日蓮の悪口を処罰するよう幕府へ訴えた。当時、幕府の法律である『貞永式目』には、第十二条に悪口の科として「右、闘殺ノ基、悪口ヨリ起ル。其ノ重キ者ハ流罪《るざい》ニ処セラレ、其ノ軽キ者ハ召籠《めしこ》メラルベキナリ」という明文があったので、昨年の放火・闘殺は、畢竟《ひっきょう》日蓮の悪口から起ったのであるから、この条文に該当するとして、訴え出たものであろう。幕府は念仏者のこの告訴を取上げて、審理することもなく、五月十二日に日蓮を伊豆の国へ流罪に処した。

日蓮はこの流罪処分を、幕府の式目違反として、その理不尽を難詰している。即ち、人が余りに憎い時は、自分の滅ぶべき咎をも顧みず、式目をも破るものか。式目の起請文を見ると、政道に私のないように、梵天・帝釈・四天王・天照大神・正八幡等に誓っているではないか。予の法門の子細が分らなければ、日本国の御帰依の僧等に召し合わせられ、それでも決着しなければ、漢土・月氏《げっし》までも対論者を尋ねらるべきである。それが出来なければ、日蓮の法門には子細がある事であろうと考えて、且《しば》らく待たれたらよい。それなのに、子細の分らぬ人々が、自身の滅亡になることも顧みず、大事の起請《きしょう》を破られたことは、心得ぬことである、というのである。

式目第十条を見ると、当座の諍論、即ち悪口等に憤って、殺害・刃傷《にんじょう》に及んだものは、死罪・流罪に処せらるとあり、また、第三十三条には、放火は盗賊と同じく、死罪等に行わるとあるから、若し、昨年の放火騒擾が日蓮の悪口に基くとして、第十二条の悪口の科《とが》で処罰するならば、当然放火乱入した者も、第十条・第三十三条に該当するから、死罪・流罪に処せられなければならぬ筈である。それなのに、放火乱入の側を罰しないで、日蓮だけを流罪に処するのは、政道に私があることになり、幕府自ら起請文に違背したと非難されても致し方はない。

このような不法を敢て行ったのは、執権武蔵守長時と、連署相模守政村とであった。日蓮は『破良観等御書』の中で、「両国吏（吏は史の誤で、史と司は音通であるから、両国吏は両国司のこと。即ち、武蔵守長時と相模守政村を指す）心ヲ合セタル事ナレバ、殺サレヌヲトガニシテ、伊豆国ヘナガサレヌ」といい、『妙法比丘尼御返事』にはその間の事情を明らかにして、「長時武蔵守殿ハ、極楽寺殿ノ御子ナリシ故ニ、親ノ御心ヲ知ツテ、理不尽ニ伊豆国ヘ流シ給ヌ」と述べている。極楽寺殿とは北条重時のことで、極楽寺の別業で打宮入道修観の弟子となり、念仏宗に帰依していたので、念仏宗を罵る日蓮を、最明寺時頼が処分しないのをまどろこしく思い、子息で執権である長時を動かして、一方的な処罰を行ったものと想像される。

流罪時の伝説

伊豆流罪《るざい》の時に、二つの伝説がある。一つは、由比ヶ浜を船出する時、十七歳の日朗が配所まで随従することを願い出たが、役人に許されなかったので、別離を悲しむと、日蓮は、昔寂照が入宋《につそう》する時母を慰めた例を引き、「月西山に入るを見ては、日蓮伊東に在りと思へ、日東海に出づるを見ては、日朗鎌倉に在りと思はん」といって慰めたという（『日蓮大聖人註画讃』）。更に後世の伝説になると、日朗が船の纜《ともづな》を握って離さなかったので、役人に櫂《かい》で右腕を打たれ、そのために文字が下手になったなどと附け加えられている。

今一つは、護送の役人が、伊東の港へ船を着けないで、伊東から三里南の篠海浦の海上にある俎岩《まないたいわ》に下《お》ろしたというのである。俎岩は干潮の時は水面に出るが、満潮になると水に没する暗礁で、役人は日蓮を捨て殺しにしようとして、ここに下ろしたのであったが、たまたま、川名（川奈）の浦の上原弥三郎という漁師が通りかかって助けて帰り、夫婦ともども三十余日の間養ったという。この俎岩の伝説は有名であるが、日蓮が翌六月、川名から伊東へ移って、そこから弥三郎へ送った消息を見ると、「日蓮、去る五月十二日、流罪の時、その津に着きて候ひしに、未だ名をも聞き及び参らせず候ふ処、船よりあがり苦み候ひきところに、ねんごろにあたらせ給ひ候ひしこと、いかなる宿習《しゅくしゅう》なるらん。……」とあって、川名の津へ着いて船から上り苦しんでいた所を助けられたとあるだけで、俎岩の事は見えず、室町中期の『日蓮大聖人註画讃』にも見えないから、恐らく、後世附加された伝説であろう。

かくして弥三郎夫婦にひそかに養われることになったが、この地の地頭や住民の日蓮を憎悪《ぞうお》することは鎌倉以上で、出会うものは目を瞋《いか》らし、仇のように振舞った。そういう環境の中で、しかも飯米も乏しい頃であったのに、食事を与えたり、洗足や手水《ちょうず》に至るまで、ねんごろに、三十日間も面倒を見たので、日蓮も「過去に法華経の行者《ぎょうじゃ》にてわたらせ給へるが、今末法に船守の弥三郎と生まれ替はりて日蓮をあはれみ給ふか」とか、「日蓮が父母の、伊豆の伊東川奈といふところに生れかはり給ふか」とかいって、その恩を謝している。

やがてひと月ばかり過ぎた。流人《るにん》の日蓮が川名に居ることが鎌倉に聞えて、命令があったものか、又は、伊東の地頭が自ら迎えたものかは分らないが、近くの小邑伊東に移った。伊東に移ると、地頭伊東八郎左衛門尉朝高が、病気平癒の祈禱を頼んで来た。そこで日蓮は、地頭が法華経を信ずることを条件にして、祈禱を行ったところ、病悩が全快した。朝高は欣《よろこ》んで、海中から得たという立像の釈迦仏を日蓮に与えたという。

この伊東流謫《るたく》中に日蓮は、迫害を受けることによって、法華経を身を以て読む、即ち「色読《しきどく》」するという意識をもってきたようである。伊東謫居《たっきょ》中に書いた著作に、『四恩鈔』と『教機時国鈔』とがある。『四恩鈔』というのは、弘長二年正月十六日に、房州天津の工藤《くどう》左近将監吉隆に遣わした消息で、その趣旨は、伊豆へ流罪になったことは法華経の予言と符合するもので、身を以て法華経を読んだことになる、この法華経色読の功徳を以て、一切衆生・父母・国王・三宝の四恩に報ずることが出来るから、この上の大歓喜はない、けれども同時に日蓮を誹《そし》り、法華経を謗《そし》る者が出て、其等が堕地獄《だじごく》の苦を受けなければならないことは、この上ない悲歎であると述懐しているのである。そしてその中で、「況や世末代に入て、法華経をかりそめにも信ぜん者の、人にそねみねたまれん事は、おびただしかるべきか。故に法華経云、如来の現在《すら》猶多《し》二怨嫉《おんしつ》一、況《ゃ》滅度の後《おやと》云々。始に此文を見候し時は、さしもやと思(い)候しに、今こそ仏の御言は違はざりけるものかなと、殊に身に当て思ひ知れて候へ」と述べ、今度の流罪によって、法華経法師品《ほっしほん》の「如来現在猶多《し》二怨嫉一、況《や》滅度の後《おや》」の文意が始めて読めたといっている。そしてまた、法華経の故にこのような流罪の身になったということは、行住坐臥に法華経を読み行《ぎょう》ずることであるといい、そのような自分を法華経の持経者《じきょうしゃ》と称している。まだ、この時には法華経の行者とは云っていないが、その意識はすでに十分熟しているのが看取される。

法華経持経者の意識が明確になってきたので、日蓮は自分の主張する宗旨の、仏教全分野に於ける位置を明らかにしようとして、同年二月十日に『教機時国鈔』を著わした。この書は教・機・時・国・序の五綱目を立てて、法華経こそ今の日本国に流通《るつう》されなければならない正法《しょうぼう》であることを論述している。五綱目に就いて略述すると、一の教では、一切の経・律・論の中に小乗・大乗、権《ごん》教・実教、顕教・密教の別があるといい、二の機では、仏教を弘めるには必ず相手の能力を知らなければならず、相手が智者たるべき素質のものであれば、まず小乗を教え、次に権大乗、最後に実大乗を教え、若し愚者であれば、始めから実大乗を教えなければならないという。三の時では正法《しょうぼう》・像法《ぞうほう》・末法の三時《じ》を立て、正法は仏滅後一千年で持戒《じかい》（戒律を守ること）の者多く、像法はその後一千年で破戒の者多く、最後の末法は一万年で無戒の者が多くなるが、法華経を誹謗するものは三時を通じて、持戒・無戒を問わず、供養してはならない、供養すれば必らず国に三災・七難が起る、当世は末法に入ってから二百一十余年であるが、権経の念仏等の時か、法華経の時か、よくよく時節を勘《かんが》うべきであると説く。四の国には、寒熱・貧富・中辺・大小等の別、また一向小乗・一向大乗・大小兼学の別があると述べ、五の序では教法の弘まるには前後次第があり、日本にはすでに小乗・権大乗が弘まってきているから、今や実大乗を弘めなければならぬと説く。そして、法華経が一切経中の経王であると知るのは、教を知る者であり、日本の一切衆生は純円の機（法華経を信じ得る能力）であると知るのは、機を知る者であり、当世は末法に当っていて、法華経を広《こう》宣流布《せんるふ》する時刻であるというのは、時を知る者であり、日本は一向大乗の国、大乗の中でも法華経の国というものは、国を知る者であるといい、更に、日本には欽明天皇の時に仏法が伝来してから、桓武天皇に至るまで、小乗・権大乗のみ弘まってきたが、桓武天皇の時に伝教大師が小乗・権大乗を破《は》して、法華経の実義を顕《あら》わしてからは、皆、純一に法華経を信ずるようになった、それなのに建仁年間からここ五十余年の間に、禅宗・念仏宗が起り、実大乗を破して権大乗に付いたり、一切経を捨てて教外《きょうげ》別伝を立てたりしているのは、教法流布の先後順序を知らないものであると、禅宗・念仏宗を破折《はしゃく》する。最後に、後五百歳《ごごひゃくさい》（五五百歳ともいい、第五の五百歳の意。末法最初の五百年に当る。）に当って、法華経の敵人三類があると法華経の中に記されているが、この三類の敵人を顕わすものは法華経の行者であり、これを隠すものは法華経の行者ではない。けれどもこれを顕わせば、必ず身命を喪《うしな》うであろうと結んでいる。

この『教機時国鈔』において、日蓮は始めて「法華経の行者」という名を用い、自身をこれに擬している。

さて鎌倉においては、日蓮流罪《るざい》の弘長元年五月十二日から、二十日と経《た》たぬ六月一日に、日蓮処分の発頭人たる極楽寺重時が、厠《かわや》で恠異《かいい》を見てから心神惘然《もうぜん》となり、毎日晩景に、瘧《おこり》のような発作《ほっさ》が起った。そこで鶴ヶ岡八幡宮寺の僧正隆辨に頼んで祈禱をして貰ったので、病状は一旦恢復した。重時の病悩が癒《なお》った六月二十二日に、三浦義村の子、大夫ノ律師良賢の謀叛が発覚して生虜《いけどり》になった。三浦氏は関東の名門で、良賢の兄の泰村は最明寺時頼の執権在職中に滅ぼされているので、良賢の逮捕は鎌倉中の騒動となり、近国の御家人が馳せ参ずるという有様であった。それから四ヵ月余り経《た》った十一月三日に、重時入道は極楽寺の別業で、六十四歳で卒去した。

重時の一周忌が過ぎ、年が改まった弘長三年二月二十二日に、日蓮は流罪を赦免された。日蓮の赦免をはからったのは時頼入道であったらしく、日蓮は「最明寺殿計リコソ子細アルカトヲモワレテ、イソギユルサレヌ」（『破良観等御書』）と追懐している。日蓮は時頼の公平な政治に望みを嘱《しょく》していたが、その時頼は同年八月に病に罹《かか》り、法印房源の権律師覚乗などに大般若経を信読《しんどく》させ、十一月十三日に病態危急になったので、尊家法印が法華護摩を修し、僧正良基が不動護摩を始行《しぎょう》したが効験なく、十九日に最明寺の北亭に移って、二十二日に三十七歳で卒去した。日蓮は時頼の死によって前途の多難を予期したらしく、前掲書で「サリシ程ニ最明寺入道殿隠レサセ給ヒシカバ、イカニモ此事アシクナリナンズ」と述べている。

三　小松原の刃難《じんなん》

他国侵逼の前兆

日蓮が鎌倉に帰って来た翌年、文永元年（一二六四）の秋七月には大彗星《すいせい》が現われた。七月五日の寅《とら》の刻に東北の方に現われ、その長さ一丈余、次第に光芒《こうぼう》を増して中旬には半天に亘《わた》り、更に一天に及ぶ程になり、二ヵ月余現われつづけたという。日蓮も世の中始まって以来の凶瑞だといっているから(『安国論御勘由来』『呵責謗法滅罪鈔』)、世間の不安動揺は定めし大きかったことと想像される。このすさまじい天変を見て、日蓮は他国侵逼《しんぴつ》の前兆と直感したという(『立正安国論』奥書『安国論御勘由来』)。蒙古では偶然にも、『安国論』上書の年に世祖忽必烈《フビライ》が即位し、この文永元年には高麗人趙彝《ちょうい》の進言で、日本征服の志を起している。

帰省を決意す

他国侵逼の国難を救うには、為政者たる北条執権を重ねて諫暁《かんぎょう》して、謗法たる禅宗・念仏宗を禁遏《きんあつ》し、国を挙げて法華経に改宗せしめなければならないが、流《る》罪赦免直後のこととて、改めて好機を待つこととし、ひとまず故郷に帰省しようと決心した。

日蓮は建長五年四月に清澄《きよすみ》山を下りてから、十年以上も房州へ行かなかった。父の妙日は日蓮が正嘉二年岩本実相寺に滞留中に歿し、母の妙蓮はなお存命では

十年間帰省せざりし理由

あるが、病篤しとの音信があった。その上旧師道善房は、未だ念仏の迷いから覚めず、しかも高齢で何時逝《ゆ》くかも計り知れない。一度故郷に帰省することは、人情の上からも、仏法の大義の上からも、当然執るべき道であった。日蓮が十年も故郷に帰らず、父の臨終にも生家を訪れることの出来なかったのは、『立正安国論』の諫暁から伊豆の流罪という事件が一つの理由ではあったが、また東条郷の地頭東条左衛門尉景信から、幾年間か東条の郷へ立入ることを禁じられていたことが大きな理由であった。景信は極楽寺重時の家人《けにん》であったらしく、日蓮の開立《かいりゅう》説法の時の第一の怨嫉《おんしつ》者であったことは、前に述べた通りである。その後景信は極楽寺入道および藤次左衛門泰経入道の意を受け、その権勢を笠にきて、東条の領家の所領を侵害し、清澄寺と二間寺《ふたまでら》との二ヵ寺を念仏宗に改宗させようと目論《もくろ》んだ。日蓮は所領争いの問註には、自分の父母が恩を受けている領家《りょうけ》方を助けて勝訴に向わせ、景信が清澄山の飼鹿を狩取り、房々の法師等を念仏宗に改ためさせようと威嚇したのに対しても、清澄寺の大衆を激励してこれと合戦を起させ、自らも祈請《きせい》を凝らして、遂に清澄・二間の二寺を景信の毒手から守った。そのために日蓮はいよいよ、景信の憎しみを買い、東条郷立入禁止を命ぜられたのであった（『善無畏三蔵鈔』『清澄寺大衆中』『妙法尼御返事』）。

その間に極楽寺重時は弘長元年に歿し、日蓮に好意を懐《いだ》いていた最明寺時頼も同三年に他界し、翌文永元年には、重時入道の子で日蓮を流罪にした執権長時も卒去した。このように鎌倉幕府の情勢も変り、東条構《かま》い(放追)も十年以上経ったので、日蓮は父の墓へ詣で、老母をいたわるために、文永元年秋風立ちそめる頃、海を渡って故郷へ帰った。まず小湊の生家を訪れると、その時老母は病重くなって息絶えてしまっていた。遺文の『可延定業書《じょうごう》』によると、日蓮が丹誠を凝らして祈念したために、蘇生恢復した上に、その後四年まで寿命を延べたという。日蓮はこれは法華経の経力で、「此経ハ則チ為《こ》レ閻浮提《えんぶだい》ノ人ノ病ノ良薬ナリ」という経文がこれによって証明されたとする。さきの流罪中の伊東朝高の場合といい、今また老母の場合といい、法華経は真実の教えで、その文言には虚偽はないから、法華経信者は経力によって病気も癒《なお》り、寿命も延ばすことが出来るというのである。このような考えは法華経述作者の思想とは全く相反することであり、また日蓮の宗教体系からいっても第二義的な比重しかないのであるが、現世利益《げんぜりやく》を願う俗情に受入れられ易いために、祈禱の方面が重要視されて、根本の宗旨が却って閑却されてしまったのである。

旧師道善房と再会

さて日蓮は、老母の病を治し、十分孝養を尽したので、次に旧師道善房に法華経を説いてその恩を報ぜんとし、九月に西条華房《はなぶさ》の蓮華寺に赴き、ここで建長の開宗の時聴聞者の代表であった浄円房に会い、念仏が無間地獄に堕《お》つべき業《ごう》である所以を、経文を引証し、実例を挙げて説き聞かせた(『当世念仏者無間地獄事』)。日蓮が清澄山に登らないで、華房に赴いたのは、清澄寺には道善の先輩らしい円智房と、後進の実成房が居て、日蓮に強い反感をもっていたからである。それで道善房は十月十四日に自身で華房の蓮華寺に訪ねて来た。師弟の再び相逢うのは実に十一年ぶりであったので、道善房も懐かしく思い、日蓮も真心を以てこの老師をいたわったであろう。やがて道善は自分の心情を述べていった。自分は智慧がないから、出世の望はなく、年老いて資力もないから、念仏の名僧も立てられない。世間に流通《るづう》していることだから、ただ南無阿弥陀仏と唱えるだけである。又わが心からではないが、阿弥陀仏を五体まで作ったが、これも過去の宿習《しゅくしゅう》であろう。この科《とが》によって地獄に堕ちるであろうかと、思い入った気色《けしき》であった。

日蓮はこれを聞いて、老齢の師匠のことではあり、穏かに話すのが礼儀かとは思ったが、老少不定《ふじょう》、何時再び逢えるか分らない身の上なので、強言をもって真実の教えを説いた。阿弥陀仏を五体作られたからには、五度無間《むけん》地獄に堕ちられましょう。その故は、法華経に釈迦如来は我等が親父、阿弥陀仏は伯父と説かれてある。伯父を五体まで作り供養せられて、親父をば一体も造られないのは、何と不幸な人ではありませんか。山賤《やまがつ》・海人《あま》など、東西も知らず一善をも修めない者の方が罪は浅いでしょう。当世の道心者が後世《ごせ》の事を願っても、法華経・釈迦仏を捨てて、念仏するのを止めなければ、見たところは善人に見えても、親を捨てて他人につく失《とが》は免れるとも思われません。一向の悪人はまだ仏法に帰依しませんから、釈迦仏を捨てる失も見えませんし、或は縁あって信ずることもありましょう。善導・法然や当世の学者の説く邪義に就いて、阿弥陀仏を本尊として一向に念仏を申す人々は、多生曠劫《こうごう》を経ても、この邪見を翻えして釈迦仏・法華経に帰依《きえ》するとは思われません。それで雙林《そうりん》最後の説法である涅槃《ねはん》経には、十悪五逆よりも怖ろしい者は、謗法闡提《ほうぼうせんだい》と申して二百五十戒を持《たも》ち、三衣《え》一鉢《ぱつ》を身に纏う智者どもの中にあると見えているのであります、と自分の信ずるままに説破した。けれども道善房は、長年の習慣たる念仏を一朝にして改めるには年老い過ぎていたので、得心し兼ねる様子であり、傍らに居た人々も心ゆかぬ体《てい》であった。それでも真心のこもった日蓮の強言が身に泌みたものか、後になって道善房は法華経を持《たも》ち、釈迦仏を造るようになり、日蓮も、邪見を翻がえして善人になられたかと悦んでいる(『善無畏三蔵鈔』)。

日蓮は暫らく華房に留っている中に、天津の工藤左近将監(吉隆)が日蓮を自分の館へ招きたいと、迎えの衆をよこしたので、十一月十一日日蓮は招きに応じ、豪勇の聞えある鏡忍房をはじめ、乗観房・長英房など六、七人の弟子を連れて出立した。冬の短い日の暮れかけた申剋《さる》(午後四時から六時の間)頃に、東条の小松原にさしかかったとき、かねて日蓮をつけ狙って、待伏せしていた東条景信が、多勢を引き連れて襲いかかった。その時の状況は、一ヵ月後駿河の南条兵衛七郎への消息に詳しく記されている。

今年も十一月十一日、安房の国東条松原と申ㇲ大路にして、申酉《さるとり》の時数百人の念仏等にまちかけられ候て、日蓮は唯一人、十人ばかり、もの丶要にあふものはわづかに三四人也。射る矢はふるあめのごとし、打つ太刀はいなづまのごとし。弟子一人は当座にうちとられ、二人は大事のて（負傷）にて候。自身もきられ打れ、結句（最期）にて候し程に、いかが候けん、うちもらされて、いままでいきてはべり。いよいよ法華経こそ信心まさり候へ。

この襲撃に鏡忍・乗観・長英は力を尽して防戦したので、敵も容易に日蓮に寄りつけぬ間に、たまたま工藤吉隆が忠吾・忠内という下僕を連れて迎えに来、この有様を見て防戦に加わった。そして吉隆と鏡忍房とは討死し、日蓮も頭に疵を受け左の手を打ち折られたが（『聖人御難事』）、遂に東条の毒手を免れることが出来た。法敵景信はのち暫くで変死したようである（『報恩抄』）。

法華経行者の自覚

日蓮は今度の法難で、法華経法師品の「而モ此経ハ、如来ノ現在スラ猶ホ怨嫉《おんしつ》多シ、況ヤ滅度ノ後ヲヤ」の文、及び安楽行品の「一切世間怨ムモノ多クシテ信ジ難シ」の文を、日本中で唯一人、読み得たと自負し、「日本第一の法華経の行者也」と公称している。伊豆流罪中の『四恩鈔』では「法華経の持経者」といい、『教機時国鈔』で始めて『法華経の行者』と称したが、焼打・流罪・刃難《じんなん》と迫害が激しさを加え、度《たび》重なる中に、法華経色読《しきどく》の意識を深めて、遂に日本第一の法華経の行者と自覚するに至ったのである。ここに日蓮の予言者としての一面が端的に露出していると思う。

房総常野の巡教

小松原の疵は幸いにして癒え、この年から翌文永二年に亘って安房・上総を教化して歩き、又その間に常陸を経て、下野那須の温泉に行ったとも伝える。この巡化の間に、新たに武士の信徒が出来た。上総奥津の佐久間兵庫重吉の長子重貞、重貞の子長寿麿、及び重吉の末子竹寿麿は、日蓮が奥津に来た際にその教化を受け、竹寿麿と長寿麿とは共に出家して弟子となった。竹寿麿は寂日房日家《にっけ》、長寿麿は帥《そつの》法師日保《にっぽう》で、後に小湊に誕生寺を創建した。その他、上総藻原《もばら》の藻原遠江守兼綱、墨田の高橋五郎時光、野州宇都宮の宇都宮景綱の姉妙正、同地君島某の祖母妙金なども檀徒になったと伝える。文永三年には再び安房に行き、清澄寺にも暫く止まっていたらしく、正月六日に清澄寺で、光日房とその母らしい女人のために『法華題目鈔』を著わしている。文永四年に母の妙蓮が終《つい》に亡《な》くなった。恐らく日蓮は帰省してその臨終を見守ったことと思う。母の死によって最早、後顧の憂いがなくなったので、日蓮はその年の末から再び下総を巡化し、富木胤継の許《もと》にも滞在したが、その際、胤継の義子伊予房が出家入門した。これが日頂である。日頂はもと駿河の橘伊予守定時の子で、定時の死後母が富木胤継に嫁したので、母と共に胤継に養われることになったのである。かくして房総を巡化すること四年、法華経の信仰は房総をはじめ常野の地にも弘まり、門弟・信徒も数を増して、教団の基礎が固まって行った。ところが翌文永五年には、日本国にとっても、日蓮の生涯にとっても一大事が出来した。それは蒙古牒状の到来である。

第五　佐渡の流謫

一　蒙古の来牒

蒙古牒状の到来

蒙古の世祖忽必烈《フビライ》は、高麗の趙彝《ちょうい》の進言で、かねて日本征服の志を抱いていたが、文永五年（一二六八）、その臣黒的と殷宏とを使節とし、高麗に嚮導を命じて、我が国に遣わした。黒的らは蒙古の国書を持って、同年正月に大宰府に到着した。そしてこの国書は閏正月八日に鎌倉に到来し、ついで二月上旬に幕府はこれを後嵯峨上皇に奏上した。国書の趣意は、高麗は朕の東藩であり、日本は高麗に隣接しているのに、朕の時になって一度も和好を通じることをしないが、恐らく蒙古の強大をよく知らないからであろう、冀《ねが》わくは今から以往、好《よしみ》を結んで親睦を図《はか》ろう、干戈《かんか》を用いるのは、孰《た》れも好むところではないから、王よく之を考えるがよい、というのであった。

幕府は威嚇的な書辞の無礼を憤り、返牒を送らぬことに決し、このことを朝廷に報告してその決断を促すと共に、六十余歳の執権政村は、その職を十八歳の時宗に譲り、自ら連署となってこれを輔佐した。朝廷も幕府も諸社・諸寺に祈禱を行わせられ、幕府は讃岐の国の御家人《ごけにん》をして蒙古の来襲に備えさせた。

法鑑房への意見書

ここに日蓮は、平《へい》の左衛門《さえもん》頼綱の父で、当時侍所《さむらいどころ》の所司《しょし》(官長)で権柄《けんぺい》を握っていた平の左衛門盛時入道かと思われる法鑑に面会して、大いにこの事を論じ、四月五日更に一篇の意見書を提出した。この意見書は『安国論御勘由来』と称されるもので、『立正安国論』上書の由来から、文永元年の大彗星《すいせい》の凶瑞のことに説き及び、更につづけて言うには、上書から九年経《た》った今年の閏正月に大蒙古国の

予言の的中

牒状が来たことは、他国侵逼《しんぴつ》を予言した日蓮の勘文に符合している。当世の高僧

等は、謗法《ほうぼう》者と同意の者であるから、これらに祈請させれば、仏神瞋《いか》りをなして国土を破壊すること間違いない。この凶難を退治する方法を知っている者は、叡山を除いて日本国に日蓮唯一人である。若しこの言が妄言《もうげん》であれば、十羅刹《らせつ》（法華経を守護する十人の悪鬼）の罰を蒙るであろうと。これに対して法鑑房は、何等回答をしなかった。

蒙古の来牒に当面して、『安国論』の所論は重味を加えてきたのであるが、得宗の被官で権柄を握る平の左衛門頼綱が大の念仏者であり、北条一族の奥向には真言律宗の良観房の崇拝者が多く、また表向の武臣等は国難防備に焦慮していたので、日蓮の言に中々耳を傾けようとはしなかった。

そこで日蓮は、蒙古の牒状が到着してから九ヵ月経った十月十一日に、幕府当局及び諸大寺に書状を送り、公の対論によって法の邪正を決し、国運を定めようといい送った。その数が十一通あったので、之を『十一通書状』と称する。即ち宛先は、執権時宗・宿谷左衛門尉光則・平の左衛門尉頼綱・北条弥源太・建長寺道隆・極楽寺良観・大仏殿別当・寿福寺・浄光明寺・多宝寺・長楽寺である。そして執権と幕府の権臣に対しては諫暁《かんぎょう》を旨とし、諸大寺に対しては破折《はしゃく》を旨としている。

執権への書状

北条時宗に与えた書では、まず『安国論』の勘文《かんもん》が的中したことを説いて、建長寺等の諸寺院への帰依を急ぎ止めることを勧め、進んで政道を論じていうには、

国家の安危は政道の直否にあり、仏法の邪正は経文の明鏡に依る。この国は神国であり、神は非礼を禀《う》けられぬ。而も法華経を食となし、正直を力となす。法華一乗を棄捨《きしゃ》した国に於て、善神の怒りを成さぬことがあろうか。今、日本国は蒙古に奪われようとしている。豈、歎き驚くべきことではないか。日蓮が申すことを御用いなければ、定めて後悔なさるであろう。日蓮は法華経の御使である云々《うんぬん》と。

平頼綱への書状

平の左衛門尉に対しては、同じく『安国論』の勘文的中のことを述べ、その警

告を与えた日蓮を流罪に処した理不尽は、必らず日月星宿の罰を蒙るであろう。須からく法華経の強敵《ごうてき》たる帰依の寺僧を退治して、善神の擁護を蒙るべきであると勧めている。

建長寺道隆に対しては、仏法の繁栄は印度・支那に超過しているが、一切諸経の勝劣浅深を未だ知っていない。忽ち、三徳の釈迦如来を抛って他方の仏菩薩を信じているが、これは路伽耶陀《ろかやだ》(Lokāyata 順世外道と訳し、印度古代の六師外道の一で、極端な現世主義・快楽論を主張す)の類ではないか。念仏は無間地獄の業《ごう》、禅宗は天魔の所為、真言は亡国の悪法、律宗は国賊の妄説である。去る正月十八日に蒙古の牒状が到来したことは、日蓮の勘文と少しも違っていない。鎌倉中の上下万人は、道隆聖人を仏のように仰ぎ、良観聖人を羅漢(Arhat で応供と訳す、聖者の意)のように尊んでいる。その他、寿福寺等の長老は増上慢《ぞうじょうまん》の大悪人である。どうして蒙古国の大兵を調伏《ちょうぶく》することが出来ようか。今世《こんぜ》には国を亡ぼし、後世《ごせ》には必ず無間地獄に堕《だ》するであろう、云々と挑戦している。この書状

四箇格言

良観房忍性への書状

に初めて四箇《しこの》格言が現われて来ており、又『十一通書状』中唯一の例である。

次に極楽寺の良観房忍性に宛てた書状は、最も露骨な挑戦状である。「長老忍性、速カニ嘲哢ノ心ヲ翻ヘシ、早ク日蓮房ニ帰セシメ給ヘ」と揶揄《やゆ》し、なお進んで、法華経に阿練若《あれんにゃ》（āranya 寂静処・森林などと訳す）に有りてと説いているのは、良観聖人の住処をいっているのである。阿練若は無事と翻訳する。日蓮を讒奏するなど、住処と相違するではないか。三学（戒・定・慧をいう）に似た矯賊《きょうぞく》の聖人ではある。僭聖増上慢で、今世は国賊、来世は地獄に堕すること必定《ひつじょう》である。聊かでも先非を後悔するならば、日蓮に帰服するがよい。蒙古国調伏の秘法は定めて御存知のことであろう。日蓮は日本第一の法華経の行者《ぎょうじゃ》、蒙古国退治の大将である、と諧謔を交えて痛撃を加えている。

この良観房忍性（一二一七―一三〇三）は西大寺叡尊の法弟で、建長四年、巡錫《じゅんしゃく》して常陸に下り、清涼院に在って律学を講じていた。弘長元年、鎌倉に移ると、北条時頼はその道風を仰ぎ、光泉寺を建立して開山に請《しょう》じた。文永二年、武蔵守北条長時は極楽寺に造営を加えて、堂塔伽藍を完成すると、忍性を請じて開山とした。ちょうどこの頃、忍性は極楽寺に住して鎌倉に律宗を弘めていた時で、幕府権臣の中にも帰依者を増し、殊にその内室・後家尼《ごけあま》の間には絶大の尊信を得ていた。日蓮は良観房が、それら大奥の勢力をかりて敵対すると見て、良観房には殊更に辛辣《しんらつ》な痛言を加えたのである。

弟子檀那への廻状

これら十一通の書状は、相手に応じて論調を変え、或は勧告、或は痛撃を用いているが、執権に与えたものを除いて、諸大寺に宛てたものは言わんとする所は同じで、日蓮のいう所に疑難・不満があるならば、公場に於て対決し、教法の邪正をはっきりさせようという趣旨である。つまり逆化折伏《ぎゃっけしゃくぶく》を狙い、一挙にして敵の連合勢力を倒そうとの気構えを示したものである。日蓮もこれだけの痛撃を大寺院・高僧に与えたのであるから、相手が何らかの方法で迫害を加えて来るに違いないと考え、弟子・檀那にも同日に廻状を発して、その覚悟をするように促している。即ち、大蒙古国の牒状が到来したに就いて、十一通の書状を発して方々に警告を発したから、日蓮の弟子・檀那が流罪・死罪に行われることは必定であろう。けれども、少しも驚いてはならない。日蓮も予期している所であるから、各々も用心をするがよい。少しも妻子・眷属を憶《おも》ってはならない、権威も恐れてはならない。今度、生死の絆《きずな》を切って仏果《ぶっか》を遂げしめ給え、と。

公場対決を望みし理由

幕府は書状を受理しても黙殺の態度をとった。諸大寺の高僧等は、憤懣を懐《いだ》きながらも、或は使者に悪口し、或は嘲弄し、また或は受取りもしないし、受取っても返事をしないという有様であった(『種々御振舞御書』)。それならば日蓮はどうして、蒙古の来牒に当って、公場対決を要求したのであろうか。日蓮の思想は、叡山修学の項で述べたように、法華本門の立場をとり、末法の世に法華経流通する時は、此の娑婆世界はそのまま寂光浄土になるとの信条をもっていたので、『立正安国論』

の中でも、「汝早ク信仰ノ寸心ヲ改メテ速カニ実乗ノ一善（法華経の教え）ニ帰セヨ。然レバ則チ三界ハ皆仏国ナリ、仏国ソレ衰ヘンヤ。十方ハ悉ク宝土ナリ、宝土何ゾ壊《くず》レンヤ」と述べており、法華一乗の教えに帰すれば、十方の世界は悉く仏国土になると説いているのである。それ故に、この未曾有の国難に当面しては、まず第一に幕府の公場で念仏・禅・真言・律の諸宗と論義を行い、日蓮の法華宗とそれら諸宗と、何れが正、何れが邪であるかを決定することが、最も喫緊事であり、正法が決定して国中全体がこれを信ずるようになれば、諸天善神はこぞって此の国土を擁護し、従って正法の国家には他国侵逼《しんぴつ》難などは起り得ないという論法なのである。正に日蓮にとっては、法華経の正法たる所以《ゆえん》が立証されるか否かの重大な機会であり、同時に自身の法華経の行者たる資格が、実証されるか否かの成否の岐路でもあったのである。

富木氏等への圧迫

さて、蒙古の来牒で、幕府も世間も一時は騒いだが、半年たち一年経《た》つ中に、遠い西国のこととして次第に忘れられて行った。それで日蓮側も続けて論端を開くわけに行かなかった。けれども仏敵のように罵られた諸大寺の高僧等は、内心の憤りは鎮めようもなかったけれども、公場の対決には成算がもてなかったので、文永六年五月、日蓮方の信徒である富木《とき》胤継・太田乗明・四条頼基の三人を罪に陥れんものと、何らかの事由を設けて幕府に告訴したらしい。日蓮は富木胤継が問注所に召出される日に注意を与え、奉行人の尋問がなければ一言も口をきいてはならぬこと、敵人が悪口を吐いても二度までは聞えぬ風をし、三度目になって始めて、顔色を変えずに穏かに申し述べること、供の雑人をよくよく誡めて、喧嘩をさせぬようにすることなどを述べ、曽て自分が伊豆流罪の場合に適用を受けた悪口の科《とが》の条文に引かからないように細かい心遣いを示している(『問注得意鈔』)。その結果は分らないが、三人は別段、処分を受けなかったようである。

蒙古再度の来牒

さて蒙古の世祖忽必烈《フビライ》は、我が国の返牒が遅いので、出兵の用意を整えるために、文永五年五月、高麗王に戦艦の建造を命じ、翌月、五都止《ごとし》という者に戦艦を検閲せしめた。その七月に高麗は日本から帰った潘阜《はんぷ》を蒙古に遣わして、使命を果せなかった罪を謝し、又、崔《さい》東秀を遣わして、兵艦の準備の出来たことを報告したので、忽必烈は再び黒的・殷弘を使者とし、潘阜を嚮導として我が国に派遣した。蒙古の使者は、途中風浪に遮られ、翌年一月末か二月初めに対馬に着いたが、島民が拒んで騒擾したので、塔次郎・弥次郎の二人を虜として帰った。この旨を知らせる大宰府の使が三月七日に六波羅に着いた。

文永六年九月十七日、高麗は金有成・高柔等を遣わし、蒙古中書省の牒を持って、塔次郎・弥次郎を護送して来た。朝廷ではこの中書省の牒に対して、翌文永七年正月、菅原長成が返牒を草してこれを幕府に示したところ、幕府は抑留してこれを送らなかった。日蓮はこの再度の蒙古の来牒を見て、必ず侵寇して来ることを信じ、『立正安国論』の終りに、次のような奥書を記した。

去る正嘉元年太歳丁巳八月廿三日戌亥《いぬい》の剋の大地震を見て之を勘《かんが》えた。其後文応元年太歳庚申七月十六日に、宿谷禅門に付いて、最明寺入道殿に献じ奉った。其後文永元年太歳甲子七月五日の大明星の時、いよいよ此災の根源を知った。文応元年太歳庚申から文永五年太歳戊辰後の正月十八日に至るまで、九箇年を経て、西方大蒙古国より我朝を襲うべき由の牒状を渡した。又同六年重ねて牒状を渡した。既に勘文に叶った。之に準じて思うに、未来も亦同じようであろうか。此書は徴《しるし》ある文である。是れ偏えに日蓮の力ではない。法華経の真文に聖の感応するところであろうか。

文永六年太歳己巳十二月八日之を写す。

日蓮再度の廻状

さて再び蒙古から牒状が来ると、鎌倉も京も、前年何事もなくて惰眠を貪っていたのが、再び騒ぎ始めた。そして前年は『立正安国論』の警告に全然耳をかさなかったが、今度は日蓮の予言に幾分か真実性を認める者が出て来た。同年十一月二十八日附の太田金吾宛の返書に、「天台大師講に鵞目《ぜに》五連を給わった。この大師講は始めてから三−四年になるが、今年は最も盛んであった。抑〻この法門の事は勘文の中《あた》るか中らぬかによって弘まるか弘まらぬかきまろう。去年、方々に申遣わしたが、否応《いやおう》の返事はなかった。今年十一月ごろ、方々へ申遣わしたところ、少々返事を寄来したところもあった。大方、人の心も和《やわ》らいで、さもやと思ったようである。また上（執権）の見参《けざん》にも入れたようである。」と述べているので、七年十一月にも、去年と同様趣旨の書状を執権や諸大寺へ送ったことが知られる。それに対して、二−三ヵ所から何等かの返事があり、執権時宗にも上進した模様であるというのである。

朝廷・叡山に対する警告

そしてまた、前年の文永六年、月日は詳かでないが、叡山に留学している弟子三位房日行に書簡を送り、日行がさる貴族の家の持仏堂で法門を説いて、面目を施したことを悦んで知らせてきたことを叱責すると共に、日本一国上下万人が悉く謗法であるから、大梵天王・釈提桓因《しやくだい》（帝釈天）や天照大神等が、隣国の聖人に仰せつけられて、謗法をためそうとするのであろうか、一国全体が仏神の敵となり、我が国を領すべき人がないから、大蒙古国が起ったものと見えると述べ、更に日蓮の申す仏菩薩、並びに諸大善神をかえしまいらすには、禅宗・念仏宗の寺々を一つも残らず無くし、その僧等を禁じ、叡山の講堂を造って霊山《りようぜん》の釈迦牟尼仏の御魂を請じ入れるほかには方法は無い、ということをよく説き聞かせよと指示して、朝廷や叡山に対しても警告を行わせている（『法門可被申様之事』）。そして日蓮は、前述の太田金吾宛の返事にも見えるように、鎌倉に在って、ここ三－四年間、毎年十一月二十四日に天台大師講を催して来たが、文永七年には参集する者が最も多かったといっているから、再度の蒙古来牒を見て心ある者達は、日蓮の法門を聴聞しようとして、松葉ヶ谷に訪ねて来るようになったのであろう。

その後、蒙古からは何の音沙汰もなく、世間の緊張は再び弛《ゆる》んで来た。文永七年中の日蓮の行動については、確実な伝はないが、『善無畏三蔵鈔』『真言七重勝劣』『真言天台勝劣事』という真言宗破折《はしやく》の書を述作しているところを見ると、幕府が諸寺の真言僧に命じて国難退治の祈禱を行わせているのに対して、真言宗の祈禱に法験のない所以を説き、真言宗破折の決心を固めたもののようである。また房総方面へも巡教に行ったらしく、文永八年正月に、下総の秋元氏に送った消息は、房州保田で書いたものである。文永八年になると五月には、叡山に修学中の三位房日行に『十章鈔』を書き送り、摩訶止観《まかしかん》の要結は南無妙法蓮華経であることを教えると共に、念仏に同調した叡山の天台・真言の学者を破折させ、又鎌倉では問註所に諫暁《かんぎよう》の書状を提出したりなどして、活動を続けていたようである。

二　竜ノ口の法難

良観の祈雨を問詰す

文永八年は春以来旱魃がつづき、夏六月になると炎熱地を焦す有様であったので、幕府は六月十八日に極楽寺良観に祈雨を命じた。日蓮はこれを聞いて、自分の法験を万人に知らせる好機会と思い、良観の弟子、信者の周防と入沢《いるさわ》入道を招き、「七日の内に雨を降らされたら、日蓮は念仏無間と申す法門を捨てて、良観上人の弟子と成って二百五十戒を持《たも》つとしよう。若し雨が降らなかったならば、彼の御房の持戒ぶっている大誑惑《おうわく》は明らかになろう。上代も祈雨に付て勝負を定めた例は、護命《ごみょう》と伝教大師、守敏と弘法がある」といい、「お前達は良観の弟子で念仏者であるから、今だに日蓮の法門を用いない。今度の祈雨で勝負を決しようではないか。若し七日の内に雨が降るならば、自分は八斎戒・念仏で往生出来ると思うであろう。又、雨が降らなければ、お前達は一向に法華経の信者になられよ」と告げた(『頼基陳状』)。二人は悦んでこの由を良観に告げると、良観も今度こそ法力を示して、日蓮の思い上りを挫《くじ》く絶好の機会だと、泣いて悦んだ。

そこで修法の僧百二十余人が、七日の内に雨を降らさんものと、頭から煙を出し、声を天に響かせて祈りに祈ったが、四五日たっても雨の気配がない。良観は気が気でなく、更に多宝寺の僧数百人を呼び集めて、力を尽して祈ったが、遂に七日たっても雨は一滴も降らなかった。七日目には日蓮は朝から使を三度出し、最後に次のようなことを申送った。「和泉式部といった婬女、能因法師と申した破戒の僧が、狂言綺語《きご》の三十一字で忽ち降した雨を、持戒・持律の良観房、法華・真言の義理を極め、慈悲第一と聞え給う上人が、数百人の衆徒を率いて、七日もかかっているのにどうして降らすことが出来ぬのであろうか。是を以て思い給え、一丈の堀も越えられない者が、どうして二丈・三丈の堀を越えることが出来よう。易しい雨さえ降らすことが出来ないのに、まして難き往生成仏が出来ようぞ。今からは日蓮を怨む邪見を翻えして、約束のままに急ぎ日蓮の所へ来り給え。雨ふらす法と仏になる道とを教え申そう。七日の内に雨降らし給わぬはまだしも、旱魃はいよく盛んに、八風ますく重なって、民の歎きはいよく深い。速かにその祈りを止め給え」と。このような暴言をあびて、良観は涙を流し、弟子・檀那は声を惜しまず口惜《くや》し泣きに哭《な》いた。そこで更に一七日を加えて祈ったが、終《つい》に雨は降らぬばかりでなく、前よりも遙かに甚だしい大旱魃・大悪風が止まずにつづいた（『下山御消息』）。伝説によると、日蓮は民の苦しみを救おうとして、七里ヶ浜の田辺ヶ池という所で読経すると、やがて甘雨がしとしとと降り出したという。勿論、附会《ふかい》の捏造《ねつぞう》に過ぎない。

行敏問答を挑む

良観の不首尾に同情したのは、名越善光寺の道阿道教と光明寺の念阿良忠であった。二人は良観と善後策を講じ、日蓮の学識を一応試みるために、浄光明寺の僧で良忠の弟子である行敏に、日蓮と個人的に問答を行わせることにした。行敏が万一勝てば日蓮の法門を邪法と極めつけることが出来るし、若し敗れたにしても行敏個人の問答であるから、良観には別に不面目にならないという謀略であった。行敏は七月八日に難詰の書状を日蓮に送り、四ヵ条の疑難を挙げて対論を挑《いど》んだ。即ち、法華以前の一切諸経は皆妄語《もうご》で出離の法ではないとか、大小の戒律は世間を惑わして悪道に堕させる法であるとか、念仏は無間《むけん》地獄の業《ごう》であるとか、禅宗は天魔の説で悪見を増長するとか説いている由であるが、対面をして釈明を承りたいという趣旨である。これに対して、日蓮は七月十三日に返事を送り、条々の御不審の事は、私の問答は行い難いから、幕府に上申された上で、公場で是非を対決しようと答えた。

行敏日蓮を告訴す

ここに於て行敏は、良観・念阿・道阿と相談して、日蓮を幕府へ告訴した。訴状の要旨は、「仏教の八万四千の教は、一を是とし他を非とするものではない。しかるに日蓮は、法華一部に執《しゅう》して諸大乗を誹謗し、念仏は無間の業、禅宗は天魔波旬《はじゅん》の説、大小の戒律は世間誑惑《おうわく》の法という。また年来の本尊阿弥陀・観音等の像は火に入れ水に流すなどという。その他、弓箭《きゅうせん》・兵仗《へいじょう》を蓄えて、凶徒を庵室に集めている」(『行敏訴状御会通』)というのであった。幕府はこの訴状に対する日蓮の陳弁を求めた。日蓮は経文や諸宗先聖の論釈を引用して自身の法門の正当なる所以を論じ、建長・寿福・極楽・多宝・長楽・浄光明等の諸大寺及び大仏殿は最も甚だしい悪所であるといい、兵仗を蓄えるのは法華経守護のためで、仏法の定まれる法であると、堂々の反言を開陳した。

日蓮の陳状に対する良観側の策謀

日蓮が庵室に凶徒を置き、兵仗を蓄えていることを自ら認めたことは、幕府の疑惑を深めたようである。それはこれまでに僧侶で謀叛の陰謀に参加した例があり、さきには建長三年十二月の了行法師、弘長元年六月の大夫律師良賢があって鎌倉に騒動を惹起し、近くは文永三年六月に将軍宗尊親王の廃位に関連して松殿僧正良基が御所中から逐電《ちくでん》した事件があったりして、幕府は僧侶の動静には可成り神経過敏になっていたのである。それなのに日蓮が、いくら経論・義釈の明文を引用したからといって、凶徒・兵仗の隠匿の事実を是認したのであるから、疑惑の目を向けるようになったのは当然である。それに良観側は北条氏一門や大奥の尊信を受けているので、上臈尼御前《あまごぜ》をそそのかし、日蓮という法師は、念仏は無間地獄の業、禅宗は天魔波旬の所為と謗《そし》る上に、故最明寺入道殿・極楽寺入道殿は無間地獄に堕ちたなどと申し、建長・寿福・極楽・長楽・大仏等の諸大寺を焼払い、道隆上人・良観上人等の頸を刎《は》ねよとまで申していると告げ知らせた（『種々御振舞御書』『光日房御書』『報恩鈔』）。尼御前の筆頭は北条時頼の夫人で、極楽寺重時の女であるから、夫と父が無間地獄に堕ちたといわれ、夫の師たる道隆上人と、自分の尊信する良観上人との頸を切れといわれたわけである。また極楽寺入道の後家尼も夫は堕《だ》地獄、師は頸切れといわれたことになる。どうして此等女人が、このような暴言を聞いて、黙っていよう、恐らく裏面から幕府要路者を強く動かしたに違いない。幕府当局も、凶徒・兵仗を隠すさえあるに、前執権等を堕地獄の徒といい、諸大寺を焼払えとか、北条一門の帰仰する諸高僧の頸を刎ねよとか暴言を吐くのは、明らかに謀叛の企てを懐《いだ》くものであるという意見に傾き、日蓮を召喚して尋問しなければならぬという結論に達した。そこで文永八年九月十日に日蓮は評定所に召出された。

評定所の取調べ

評定所での取調べには侍所の所司（長官）平の左衛門尉頼綱が当った。頼綱の叔父は安楽房盛辨《じょうべん》で、鶴ヶ岡八幡宮寺の学頭をつとめ、同寺の別当大納言僧正隆辨の高弟であった。その縁で頼綱は日蓮を日頃から深く憎んでいたのである。取調べの始めに頼綱は、果して上述のような暴言を吐いたか否か尋問すると、日蓮は上に述べたことは一言も違わず申したに相違はないと、その事実を否認すると思いの外、全面的に肯定した。そしてそれにつづけて、「けれども最明寺殿・極楽寺殿を地獄に堕ちたと申したというのは、作り言である。この法門（念仏無間、禅天魔の説法）は最明寺殿・極楽寺殿の御在生中から申してきたことで、この国を思って申すのであるから、世の中を安穏に治めたいと思召されるならば、彼の法師輩をも召し合わせて、法門の邪正を明らかにせらるるがよい。そうしないで、彼等に代って、理不尽に日蓮を罪せられるならば、国に後悔するような事が起ろう。日蓮が御勘気を蒙るならば、仏の御使の言葉を用いないことになろう。梵天・帝釈・日月・四天の御咎を受けて、日蓮を遠流《おんる》・死罪に行ってから、百日・一年・三年・七年の内に、自界叛逆《ほんぎゃく》難といって、この御一門の間に同士討が始まり、その後は他国侵逼《しんぴつ》難といって、四方から、殊に西方から侵略を蒙るであろう。その時になって後悔されようぞ」（『種々御振舞御書』）と、憶するところもなく言い放った。平の左衛門尉はこれを聞いて、気の狂わんばかりに憤ったようである。けれどもその日は一旦帰庵を許された。

一昨日御書を送附

日蓮が評定所でこのような強気の証言をしたのは、公場対論で法華経が真仏教であることを証明するか、そうでなければ流罪・死罪になって法華経のために身を捨て、法華経・涅槃《ねはん》経の中に日蓮の名を説き入れられようと願ったに外ならない。そういう覚悟があったので、自分の所信だけは飽くまで、幕府要路者に強く教えて置こうと考え、翌々九月十二日『立正安国論』一巻に、『一昨日御書』と呼ばれる書状を添えて平の左衛門尉に送った。それは『立正安国論』の結論を繰返し述べて、早く賢慮を回らして異敵を退くべしと言い、これ偏えに身のために述べるのではなく、君のため、仏のため、神のため、一切衆生のために言上するのであると結んでいる。この書状が果して頼綱に届いたか否かは不明であるが、よし届いたにしても、頼綱はすでに日蓮処罰の腹を決めていたようであるから、考え直すことは無かったであろう。

さて頼綱はその十二日の未《ひつじ》の剋（午後二時頃）、数百人の兵士を率いて、日蓮逮捕に松葉ヶ谷の庵室に向った。『種々御振舞御書』にはその時の有様を叙して、「文永八年太歳辛未九月十二日、御勘気を蒙った。その時の御勘気の有様は常のようではなく、無法に過ぎたようであった。了行法師が謀反を起し、大夫律師が世を乱そうとしたのを召捕った時以上である。平の左衛門尉を大将とし、数百人の兵士に胴丸を著せ、烏帽子を被《かぶ》らせ、眼を瞋《いか》らし、声を荒らかに張りあげた」と記している。

ちょうど日蓮は庵室で説法していた所で、弟子・門人は居合わせたが、誰も武力をもって抵抗する者はなかった。日蓮は日来月来《ひごろつきごろ》予期していたことなので、法華経のために身を捨てる仕合せを思い、臭き頭を刎ねられるのは、沙を金にかえ、石と玉を取換えるようであると、泰然としていた。寄手の中から真先に走り出たのは、頼綱の郎従の少輔房《しょうぼう》であった。この少輔房は曽て日蓮に師事していたが、欲深く臆病で、愚痴なのに智者と自称し、能登房・名越《なごえ》の尼などいう者と共に師に反き、頼綱に仕えていたものである（『上野殿御返事』『法門可被申様之事』『四条金吾殿御返事』『聖人御難事』）。彼は日蓮に走り寄り、日蓮が懐中していた法華経の経巻を取出して、その中の一巻で散々に日蓮の面を打った。日蓮がふとその一巻を見ると第五の巻である。第五の巻には勧持品があって、この品には、仏滅後の恐怖悪世には三類の強敵《ごう》が現われ、悪口罵《あっくめ》詈《り》・刀杖を加えるが、我等は忍辱《にんにく》の鎧を著、この経を説かんがための故に、この諸難事を忍ぼう、「我《が》不《ふ》愛《あい》身《しん》命《みよう》、但《たん》惜《じやく》無《む》上《じよう》道《どう》」と説かれてあって、日蓮も、第五の巻は一経第一の肝心なりといって(『上野殿御返事』)、法華経色読《しきどく》の根拠とする重要な一品なのである。それで少輔房が第五の巻で打擲《ちようちやく》するのを見て、「うつ杖も第五の巻、うたれるであろうと記してある経文も五の巻、不思議な未来記の経文である」(『上野殿御返事』)といって、経文を身の上に実証しているという悦びを味っていたようである。

その間に兵士達は、残りの九巻の法華経を打散らし、或は足で踏みつけ、或は身体にまきつけ、或は板敷・畳の上に投げ散らし、又は釈尊を本尊とし一切経を安置してあった持仏堂を毀し、仏像・経巻を諸人に踏ませたり、糞泥の中に踏み入れるなどの乱暴狼藉の限りをつくした(『神国王書』)。この時、日蓮は大音声を上げ、「あらをもしろや、平ノ左衛門尉がものにくるうを見よ。とのばら、但《ただ》今ぞ日本国の柱をたをす」と呼ばわった。兵士達は不意を打たれ、自分達の狼藉に気が咎めたのであろう、顔色が変ったという。

こうして日蓮を捕えた平の左衛門尉は、名越から評定所への途中「日中に鎌倉の小路をわたす事朝敵のごとし」(『神国王書』)とあるように、市中引廻しの態《てい》で引上げてきた。召人《めしうど》は重罪容疑者として、評定所に引出され、平の左衛門尉が罪状の糺明に当った。日蓮は頼綱の訊問に対して、

日蓮は日本国の棟梁である。予を失うは日本国の柱を倒すのである。只今に自界叛逆《ほんぎゃく》難といって同士討ちし、他国侵逼《しんぴつ》難といってこの国の人々が他国に打殺されるばかりでなく、多く生捕にせられるであろう。建長寺・寿福寺・極楽寺・大仏・長楽寺等の一切の念仏者・禅僧等の寺塔を焼払って、彼等が頸を由比の浜で切らなければ、日本国は必ず滅亡するであろう(『撰時鈔』『法蓮鈔』『報恩鈔』)。

と、奉行人その他の列座の前で、年来の主張を重ねて宣布した。自ら法華経の行者を以て任じ、仏の御使の信念を抱いて、謗法者を逆化折伏《ぎゃっけしゃくぶく》しようとしたのであろうが、その言辞は余りにも激越に過ぎ、たとえ頼綱が公正な心の奉行人《ぶぎょうにん》であっ

たにしても、このような強言を聞いては不穏な考えをもつ怪僧という印象をもったに違いない。ましてや頼綱は、念仏信者として日来《ひごろ》から日蓮を憎んでいたのであるから、審理は全く形式的で、三四時間後の酉刻《とりの》(午後六時頃)には罪状決定し、『貞永式目』第十二条悪口の科《とが》の再度重犯で、大仏《おさらぎ》武蔵守宣時の預りとして、宣時の領国である佐渡の島へ遠流《おんる》という判決がきまり、宣時の家人《けにん》で佐渡の地頭である本間六郎左衛門重連の相州依智《えち》の邸へ送り渡される身となった。表向は遠流であったが、内密には途中で頸を切るとの計画であった(『下山御消息』『妙法尼御返事』)。

九月十二日の夜半、兵士達に前後を囲まれて、若宮大路の赤橋を過ぎようとするとき、日蓮は馬から下りて八幡大菩薩に最後の諫言をしたという。『種々御振舞御書』には次のように記している。

いかに八幡大菩薩は真の神なのか。和気清麻呂が頸を刎ねられようとした時は、長《たけ》一丈の月となって顕われ給い、伝教大師が法華経を講ぜられた時は、紫の袈裟を御布施として捧げたではないか。日蓮は日本第一の法華経の行者である。その上、自身には一分の過失もない。日本国の一切衆生が法華経を謗《そし》って、無間地獄に堕ちようとするのを助けんがために説いた法門である。又、大蒙古国からこの国を攻めるならば、天照大神・正八幡とても安穏で居られようか。その上、釈迦仏が法華経を説かれたから、多宝仏・十方の諸仏・菩薩が集まり、無量の諸天、並に天竺・漢土・日本国等の善神・聖人が集った時、各々法華経の行者を疎略にしないという誓言状を差出されたではないか。されば日蓮が申すまでもなく、急ぎ急ぎ誓言状の宿願を果さるべきに、何故ここに出合われぬのか。

若しこの通りの諫言を述べたとすれば、これを聞いた警固の武士は、日蓮の異常な振舞とその強い気魄《きはく》に半ば気を呑まれて、薄気味悪さを感じたに違いない。

さて流人護送の一行は由比ヶ浜に出て、極楽寺切通《きりどおし》に向って進んだ。その途中の長谷《はせ》に住む四条金吾は、主人江馬入道光時の威光で咎めを受けなかったが、日蓮からの使を受けて急ぎ駆けつけ、馬の口にとりついて嘆いた。日蓮はそれを見て、「今夜頸切られに行くところである。この数年の間願っていたのはこの事である。この娑婆世界で雉となった時は鷹につかまれ、鼠となった時は猫に喰われた。或は妻や子、敵に身を失ったことは大地微塵《みじん》より多いが、法華経のために失ったことは一度もない。日蓮は貧乏の身に生れて、父母に十分孝養もせず、国の恩に報いる力もない。今度頸を法華経に奉って、その功徳《くどく》を父母に回向《えこう》しよう。そのあまりは弟子・檀那に配ろうと申して置いたことはこれである。」(『種々御振舞御書』)と訓《おし》え諭したという。

『御振舞御書』のこのあたりの記事が若し事実だとすれば、頸を法華経に捧げるとか、その功徳を父母に回向するとかいうことは、殉教思想から出ているのではあろうが、全くナンセンスで、法華経の根本思想とは何の関係もなく、況んや釈尊の教えとは雲泥万里である。日蓮には刀杖瓦石の害を受けることが、法華経の経文を色読《しきどく》することを意味するのだという観念が思想の根底にあるのは事実であるが、『御振舞御書』の記事には疑わしい箇所が多い。

さて一行は七里ヶ浜の磯づたいに、腰越から竜の口に着いた。時刻はすでに子《ね》の剋を過ぎ、下弦の月は早や西方の雲に入っていた。この所で頸を斬るのだろうと思っていると、案にたがわず、兵士達が四方を取り囲み、日蓮を馬から下《お》ろして、大地の上に坐らせた。つき随って来た四条金吾が、早や最期であるといって哭《な》くと、日蓮は声をはげまして、「不覚の殿原かな。これ程の悦びは笑うべきであるのに、どうして約束を違えられるか」と諭しいましめた。すると突如として、江ノ島の方から月のように光る鞠のような物が、辰巳《たつみ》(南東)から戌亥《いぬい》(北西)へかけて輝き亘った。十二日の昧爽《あけがた》で人の面《かお》も見えなかったのに、光り物が月夜のように照らして、人の面も悉く見えた。太刀取は目がくらんで仆《たお》れ臥《ふ》し、兵士共はおじ怖《おそ》れて一町許り走り退き、或は馬から下りて畏まり、或は馬の上で蹲《うずく》まるものもあったという。この光り物の叙述は『種々御振舞御書』と弘安元年の『妙法尼御返事』だけにあって、その他の遺文には無く、しかもこの両書は真蹟が現存しないので多分に疑問の余地がある。更に『註画讃』はこれを潤飾して、刀が折れたとしている。天台僧真陽は、その著『禁断日蓮義』(承応三年著)の中で刀折れたことを否定し、死罪を赦《ゆる》されて流罪になったのは、北条時宗の御台所《みだいどころ》の懐妊のためだと論じている。正司考祺(肥前有田の商人安政四年歿)も『経済問答秘録』の中で、同様の趣旨を述べており、平田篤胤も亦『出定笑語《しゅつじょうしょうご》』と『俗神道大意』に於て、刀の折れたことの事実無根を論じ、これを平家物語巻二十にある主馬判官盛久の故事に倣《なら》って偽作したものであると推定している。太刀持ちの刀が折れたということは勿論、光り物云々《うんぬん》の事実は無かったとしても、日蓮が竜ノ口で処刑されようとし、それが急に赦されて流罪になったことは真実であろう。

それならば、何故死罪が赦されたかというに、元来、執権時宗はそれ程日蓮を憎んでいないし、幕府の内部にも陰陽師の大学允のように日蓮に同情をもっていた人があり、たまたま時宗の御台所の懐姙を理由として運動した為めであろう。そのようなわけで日蓮は死刑の難を免がれ、再び途を進めて依智《えち》の本間重連の館《やかた》に入った。依智に着いたのは翌十三日の午《うま》の刻であった。

三　佐渡の流罪

依智の館に着くと、本間重連の代官の右馬太郎《うまの》が日蓮を預かり、平の左衛門尉はここから帰って行った。その夜の戌《いぬ》の刻（午後八時から十時）に鎌倉から使者が執権の書状を持って来て、日蓮は科《とが》のない人で、今暫くすると赦免されるのであるから、過《あやま》ったことをして後悔しないようにという旨を伝えた。

その夜は九月十三日で、後の月が中天に輝いていた。日蓮は夜中に庭に下り立ち、自我偈《じがげ》（法華経寿量品の偈文）を少しく読み、諸宗の勝劣を法華経の経文によってあらわしてから月に向っていうには、抑〻今の月天子《がってんし》は法華経の会座《えざ》に列《つら》なり、釈尊の勅の如く法華経を護持するとの誓状を立てた天子ではないか。今このような事態になったのであるから、法華経の行者に代り、誓言を果すべきであるのに、何の兆もなくすましているのは、一体どうしたことかと。すると明星のような星が天から下って、庭前の梅の枝にかかったので、武士共はおじ恐れて、縁から飛び下り、或は大庭にひれ伏し、或は家のうしろへ逃げかくれた。やがて空はかき曇り、大風が吹出し、大鼓を打つような響が江ノ島の方から響いてきた。

一夜明けて十四日の朝、鎌倉から十郎入道という者が来て、昨夜戌《いぬ》の剋頃に執権の邸に大きな騒ぎがあり、陰陽師の占いでは国に大乱の起る前兆であって、これは日蓮御勘気のためであるから、急ぎ召し返さなければ世の中はどうなるか分らないというと、赦免するようにという者もあり、又百日の中に戦《いくさ》があると日蓮

鎌倉よりの報告

がいうから、それを待った方がよいというものもあったと、鎌倉での出来事を報告した。こうして依智で二十日余り逗留していると、鎌倉では放火が七―八度、殺人は頻々と行われた。敵方の者は日蓮の弟子共の仕業であるという流言を放ち、日蓮の弟子は鎌倉に置いてはならないと二百六十余人の名を書き連ね、遠島を仰せつけよとか、牢に居る弟子等の頸を刎ねよとか騒いだという。それで今まで信徒であったものも、大半は退転離反して行ったらしく、「御勘気の時、千が九百九十九人は堕《お》ちて候」と述べている（『新尼御前御返事』）。折角形成されつつあった教団にとって、一大打撃であったことが分る。このような風説を聞くにつけても案ぜられるのは、鎌倉に残って迫害を受けたであろう弟子達の身の上であった。高弟の日昭・日興等は跡を隠したようであるが、最愛の弟子日朗は、他の四人と共に山崖の土牢にとじ籠められている。「今夜の寒さにつけても、愈〻我が身よりは御身等の身の上が案ぜられて、心苦しさに堪えられない。牢を出られたならば、明年

寺泊御書

の春、必ず佐渡へ訪ねて来なさい。御身を見、また私の有様を御覧に入れましょう」（『五人土籠御書』『土籠御書』）と、牢内に居る彼等の身を案ずる手紙を書き送った。

文永八年十月十日、日蓮は警固の武士に護られて遂に佐渡へ向って依智を出発し、その夜は武蔵の久米河の宿に泊り、途中十二日かかって、同月二十一日に越後の寺泊《てらどまり》の津に着き、石河宇右衛門の家に宿った。その翌日、富木《とき》五郎胤継が附添わせてよこした一法師を鎌倉へ帰し、それに托して胤継へ一書を認《したた》め送った。これが『寺泊御書』である。その中では真言宗を批難の対象とし、真言師等は印と真言とを仏教の最要とし、印・真言のない経典を貶《おと》しているが、これは道理を辨《わきま》えない僻見で、乳の色を知らぬ者が種々邪推をしても本色に当らないようなものであると難じ、また、或人は勧持品の修行は深位の菩薩のすることだというが、自分は勧持品の「悪口罵詈《あっくめり》」の経文、「及加刀杖者《ぎゅうかとうじょうしゃ》」の経文を真に読んだもので、未来には不軽《ふぎょう》菩薩となろうと、自ら不軽菩薩を以て任じ、終りに、日蓮は勧持品で誓言した八十万億那由佗《なゆた》の諸菩薩の代官として申すのであると結んでいる。

弘長二年（一二六二）、伊豆流罪の時から懐《いだ》いてきた法華経の行者の意識は、佐渡流罪の途上に於て、不軽菩薩の自任という形をとった。不軽菩薩は正しくは常不軽菩薩で、法華経常不軽菩薩品に出てくる名である。この菩薩は比丘・比丘尼及び在家の人々を見れば、直ちに礼拝讃歎して、我深く汝等を敬い、敢て軽慢せず、汝等は皆、菩薩の道を行《ぎょう》じて仏となることが出来ようと言った。人々の中に瞋恚《しんい》を生ずる者があって、悪口罵詈《あっくめり》するが、この常不軽菩薩は瞋恚せずに同一の言を繰返していた。また中には杖木瓦石を以て打擲《ちょうちゃく》すれば、避けて遠くへ逃れ、なお高声に、我敢て汝等を軽んぜず、汝等は皆仏となるであろうと唱えたという。即ち、悪口罵詈・杖木瓦石の難を受けた菩薩であるので、日蓮は小町の辻の悪口罵詈、伊豆の流罪、小松原の刃難、近くは竜の口の危難等の迫害と照し合わせて見て、不軽菩薩と同じ修行をした者、やがて未来には不軽菩薩となる資格を具え

塚原三昧堂の生活

塚原三昧堂（根本寺）（新潟県佐渡郡新穂村）

た者との自覚をもつに至ったのであろう。

十月二十七日、寺泊から出船したが、暴風雨に逢って越後の角田《かくだ》崎に避難し、翌二十八日順風を得て、漸く佐渡の東南岸松ヶ崎に着いた。そこから二十九日に小倉を過ぎて、新穂《にいほ》の本間六郎左衛門重連の邸に入った。幕府に憎まれた上、万民も父母の敵のように思っている流人《るにん》であるから、道中でも又国中ででも殺すか、若くは餓死するか、なるようになれという取扱いであった（『中興入道消息』）。それで十一月一日に六郎左衛門の家のうしろの、塚原という山野の中に、都の蓮台野のように死人を捨てる所に、一間四面の堂があるのに、ここに捨人のように入れられた。この堂は仏像もなく、天井は板間が合わず、四壁はあばらで、吹込む雪は積って消える事がない。その中に敷皮を敷き、蓑《みの》を着て日夜を過したが、夜は雪雹《せっぴょう》・雷電がひまなく、昼は日の光も当らず、誠に心細い住居であったという（『種々御振舞御書』）。恰も山野に遺棄するような取扱いで、病弱な身体であったなら、当然死んでしまったであろうが、頑健な身体であった上に、法華経を色読《しきどく》するという法悦が涌き出て、いささかも怨みとはせず、次のように述べている。

彼《か》の李陵が胡国に入って巌崛に責められたのも、法道三蔵が徽宗《きそう》皇帝に責められて面《かお》に火印を押されて江南に放たれたのも、只今の我が身と思われる。あら嬉しいかな、檀王は阿私仙人に責められて、法華経の功徳を得られた。不軽菩薩は上慢の比丘等の杖にあたって一乗の行者といわれた。今日蓮は末法に生れて、妙法蓮華経の五字を弘めて、このような責めに逢っている。仏滅度の後、二千二百余年の間、恐らくは天台智者大師も、一切世間多怨難信の経文を身に行じていない。数々《さくさく》見擯出《けんぴんずい》の明文は、ただ日蓮一人これを読んだのである。相模守殿（時宗）こそ善知識であり、平の左衛門尉は提婆達多《だいばだった》（仏を害さんとした悪人）、念仏者は瞿伽利《くぎゃり》尊者（提婆達多の弟子で仏の化導を妨ぐ）、持斎等は善星《ぜんしょう》比丘（煩悩を断じて第四禅定を得たが、仏に向って悪心を起した）、今は仏の在世に異ならない。……釈迦如来の御為には提婆達多こそ第一の善知識である。……日蓮が仏にならんがための第一の方人《かたうど》は景信、法師には良観・道隆・道阿弥陀仏であり、平の左衛門尉・守殿《こうのとの》（時宗）が居なかったならば、どうして日蓮は法華経の行者となれようか。（『種々御振舞御書』）

また佐渡に着いてから、一ヵ月たった十一月二十三日に富木《とき》胤継に送った消息の中で、只今が法華経本門の大法の弘まるべき時であり、経文に「四導師アツテ一ヲ上行ト名ヅク」、又「悪世末法ノ時ニ能ク是ノ経ヲ持ツ者」なる文句があると述べている。ここで日蓮は、末法の世に上行菩薩が出現して、法華経を弘めることを説き始めているが、自身を上行菩薩の再誕と称してもよいという意識が熟して来たものであろう。

阿仏房等の帰信

このように塚原三昧堂で不軽菩薩の苦難を身に行じている間に、仏の加護の空しからざる徴証が現われて来た。それは阿仏房や国府《こう》入道夫婦と最蓮房との帰依である。阿仏房、昔の名は遠藤為盛、文覚即ち遠藤盛遠の曽孫で、順徳院の下《げ》北面の武士であったが、上皇に従って佐渡に来、仁治三年(一二四二)上皇崩御の後もその御陵を守り、妻千日と共に入道して念仏生活を送っていた。伝説によると、阿仏房は日蓮を念仏宗の怨敵《おんてき》と聞いて、これを刺し殺そうと庵室へ近寄ったが、闇打ちは卑怯だと考え直して、まず名を告げて趣意をいうと、日蓮は対坐して法門を説き聞かせ、遂に阿仏房を教化して題目の行者にしたという。やがて彼は、地頭や念仏者が三昧堂に近づく者を妨害しようと見張っているのも顧みず、夜中に夫婦して衣食を届けた。日蓮も「只悲母の佐渡国に生れかわりて有るか」(『千日尼御前御返事』)

といって、後にその恩を謝している。妻千日尼の名はこのような迫害の中を三年間、忠実に衣食を給したから得たのだと伝える。或は順徳上皇のために千日の水垢離《ごり》を取ったからだともいう。この阿仏房夫婦の外に、国府《こう》入道夫婦も最初の冬頃から、夜中密かに食を送り、或時は禁令をも憚らず、日蓮の身代りになろうとさえした（『国府尼御前御書』）。

最蓮房の帰依

阿仏房と国府入道夫婦が帰信して、供養をつづけていた頃、最蓮房という学僧が日蓮に帰依するようになった。伝説によると最蓮房は、名を日栄（遺文には日浄となっている）といい、京都の人で天台の学僧であったが、何か事件に連坐して佐渡に流されていた。それが何かの機会で日蓮に逢ってその弟子となり、翌文永九年四月八日、一ノ谷《さわ》法華堂で得度を受けて、日栄という名を与えられたという。天台宗出身であったので、天台宗の肝心の宗義について日蓮に質問を寄せて来た。それに対して日蓮は、九年二月に『生死一大事血脈《けちみゃく》鈔』、つづいて四月に『得受職人功徳法門』

を書き与え、前者においては、生死一大事の血脈とは、釈迦・多宝両仏から上行菩薩が相承した南無妙法蓮華経であるといい、更に「上行菩薩、末法今の時、この法門を弘めんが為に御出現あるべきの由、経文には見えているが如何であろうか。上行菩薩は出現するものであろうか、出現しないものであろうか。日蓮はまず粗々《ほぼ》妙法蓮華経の五字を弘めている」と述べて、自分こそ上行菩薩の再誕と言わぬばかりの口振をしている。その翌年には『諸法実相鈔』や『当体義鈔』など大事な教学上の述作を書き、これを最蓮房に送っている。このことから見て、日蓮は教学上の後継者として最蓮房に深く期待していたことが分る。後に身延に隠棲してからも、文永十二年頃に『立正観抄』を、弘安三年に『十八円満鈔』を書き送り、天台宗の教理を解釈して、自身証得の南無妙法蓮華経に帰結せしめている。このように日蓮は、最蓮房に内証の法門を付嘱して教学上の後継者としたのである。

さて日蓮が佐渡に移って来てから暫くの間に、阿仏房や国府入道等が念仏を捨てて題目を唱えるようになったことが知れわたると、島の念仏者や律僧達は集って迫害の方法を講じた。その頭領は唯阿弥陀仏・生喩房・印性房・慈道房らであった。僉議の模様は、阿弥陀仏の大怨敵で一切衆生の悪知識たる日蓮房であるから、打殺したとても御咎めはない。塚原という所にただ一人居るのだから、集まって射殺してしまえという者があり、又、いずれにしても頸を切られる筈であったのが、執権の御台所《みだいどころ》の御懐妊で暫く延びているのであるから、結局斬られようと説く者もあり、或は六郎左衛門尉殿に申して斬って貰ったらよかろうと折衷論を吐く者もあった。論議の末、彼等は館《やかた》に赴いて六郎左衛門尉重連に面会し、日蓮の処分を求めると、重連は「執権から殺してはならないという副状《そえ》があって、蔑《あな》どるべき流人《るにん》ではない。万一、過《あやま》ちがあれば重連の大きな落度《おちど》となろう。それよりは只、法門で責めたらよかろう」と答えた。そこで念仏者等は佐渡の国のみならず、越後・越中・出羽・奥州・信濃等の国々から学問のある者を召し集めた。

文永九年正月十六日に此等の僧達は塚原三昧堂の前の野原に数百人集まり、本間六郎左衛門尉も兄弟一家を引連れて警固に当った。学問があるといっても、鎌倉の真言師・禅宗・念仏者・天台の者より遙かに劣る田舎学僧であったので、一言・二言の問答で問い詰められる有様は、利劒で瓜を切り、大風の草を靡かすようであった。自語相違したり、知識の誤りをついて責めると、或は悪口したり、閉口したり、色を失ったりし、或は念仏は僻事《ひがごと》なりと言う者もあり、或は其の場で袈裟・平念珠を捨てて、最早、念仏を唱えないと誓状を立てる者も現われた。このような次第で、問答に来た者は何時《いつ》の間にか姿を消し、聴聞の百姓達も皆帰って行った。けれども頭領の印性房辨成《べんじょう》という者は、可成り学識があったと見えて、翌十七日に再びやって来て問答を行った。その記録が『法華浄土問答鈔』という一書で、日蓮・辨成両人の花押がしてある。後世、これらの問答を塚原問答と称する。

『種々御振舞御書』は塚原問答につづいて、一つの挿話を物語っている。本間六郎左衛門尉が塚原から立帰ろうとすると、日蓮はこれを呼び返して、「何時頃、鎌倉へ上られるか」と尋ねた。「下人《げにん》共に農をさせて、七月頃に」と答えると、日蓮は「弓箭取る者は、公の御大事に逢って、所領を賜わるをこそ、田畠つくるとは申すものを。今にも鎌倉に軍《いくさ》の起ろうとしているのに、急ぎ馳せつけて高名して、所領を賜わらぬか。和殿《わどの》達は相模の国では名のある武士なのに、田舎で田畠作りなどして、軍に外《はず》れたなら恥になろう」といった。けれども六郎左衛門尉は、そんな事があろうかという顔付で急いで帰って行ったというのである。

開目鈔の述作

この塚原問答のあった後で、日蓮は去年十一月頃から考えをまとめていた『開目鈔』という上下二巻の書を著わした。この書は法華経の行者と自称する日蓮が、竜の口の法難に遇ったり、佐渡に流罪されたりし、又、其の門下信徒も多く難を受けたりしたので、法華経の行者が何故に仏菩薩の加護を受けないで、このような幾多の法難に遇うのかという疑問が身辺に盛んになって来たのに対して、これを解明して自身の信仰を如実に表わしたものである。

初めに天台宗の教義に拠って、法華経は二乗作仏《さぶつ》と一念三千とを説いているから他経に勝れていると論じ、諸宗はこれを悟らず、或は偸《ひそ》かに盗んで自宗の骨目としているという。日蓮が二十余年来、数々の迫害を蒙って来たのは、仏が法華経の中で、末法時にこの経を弘通《ぐづう》する行者の難多きことを説かれた、その予言を色読《しきどく》したことで、この現証によって自分が法華経の行者であることが証明されたといい、「我れ日本の柱とならん、我れ日本の眼目とならん、我れ日本の大船とならん」との三大誓願を発し、末法の衆生の大導師たるべしと述べている。末法の導師を明らかにしているので、古来この書を人開会《にんかいえ》といい、『観心本尊鈔』の法開会と共に、日蓮宗学の中枢となっている。

『開目鈔』は二月上旬か、遅くとも中旬の初めまでには出来上ったらしい。すると二月十八日に島に船が着き、鎌倉と京に軍があったとの報《しら》せが届いた。鎌倉と京の軍とは、執権時宗の庶兄で六波羅探題であった北条時輔の異図が発覚した事件であり、時輔は父の時頼が弟時宗を愛して家督を継がせたのを怨んで謀叛を企てようとしたものである。時宗は二月十一日に大蔵頼季等を遣わして、時輔の与党名越教時と仙波盛直を殺させた。その時誤って教時の兄時章をも殺してしまったので、討手のものは斬に処せられた。六波羅探題時輔は、時宗の遣わした北条義宗のために、二月十五日に襲殺された(『吾妻鏡』『保暦間記』『北条九代記』)。この内乱は、日蓮が流罪に処せられた前年九月十二日から百五十余日で、その時、評定所で述べた「百日、一年、三年、七年の内に、自界叛逆《ほんぎやく》難とて同士討し、他国侵逼《しんぴつ》難とて他国より攻めらるべし」との予言が的中し、殊に「此の一門より事起りて」の言葉までが、まざまざと実証されたのである。佐渡の士民達は神通《じんづう》の人ではないかといって驚き、今後は念仏者や律僧を供養すまいといい、又、念仏者や良観の弟子達は、日蓮の奴は謀叛に与《くみ》したものではないかと悪口したという。

本間重連帰信す

さて本間六郎左衛門尉は、早船の着いた夜、一門の者共を引具して鎌倉に上るに際し、先の正月十六日の予言が事実となって現われたので、心から日蓮に帰依し、その弟子となったと伝える。とにかく、この内乱があってから、日蓮の待遇も大分変り、四月七日には塚原の三昧堂から、雑太《さわた》郡一ノ谷《さわ》の近藤伊予清久という百姓の入道の家に移され、給養もよくなった。

弟子・信者の来訪

そして北海の孤島にも春が訪れると、本土から門人が海を渡って訪ねて来るようになり、また供養も段々送られてきた。四条金吾が四月頃、遥々来島した時、日蓮は非常に悦び、感謝に溢れて、その女房に「はかばかしい下人もいないのに、このような乱れた世に、此の殿をつかわされた心ざしは、大地よりも厚く、地神も定めて知り給うであろう。虚空《こくう》よりも高く、梵天帝釈《たいしゃく》も知り給うであろう」と書き送っている(『同生同名御書』)。

五月には一婦人が一人の幼児を連れて、鎌倉からわざわざ訪ねて来た。日蓮は深く感歎して、日本第一の法華経の行者の女人といい、名を日妙と与えた。この日妙尼の経歴は不明であるが、夫と長い間離別していたようであり(『日妙聖人御書』)、日蓮が身延に隠棲してからも音信をつづけており、その一女児は乙御前《おとごぜん》と呼ばれ(『乙御前御消息』)、少しく長じてから尼となっている(『乙御前母御書』続集)。その他、出家の弟子等も来島し、七―八人が常に日蓮に侍するようになった(『呵責謗法滅罪鈔』)。

日蓮を預ることになった一ノ谷《さわ》の近藤入道は、次第に日蓮に好意をもつようになったらしく、その妻は殊に尊信を表わしてきた。配給の食事が少なく、弟子達が多くて困っていると、僅かの飯の残りをも折敷《おしき》に分けてくれたりした(『一谷入道御書』)。また入道の堂の廊下で、度々敵から危害を加えられようとした時も、助けて保護をしてくれている(『千日尼御前御返事』)。但し、入道自身は法華経の信者にならず、一生念仏者で通したが、妻は信者となり、また一族と思われる一人は日蓮の弟子となり、学乗房(又覚乗房)日静《にちじょう》と名告《の》って、後には佐渡と身延との間を往復し、入道の為に法華経を持って帰島したこともある。

一ノ谷の隣村の中興《なかおき》に住する中興入道も、帰服するようになった一人である。この入道は本光寺の伝説では大和坊といい、父入道は本間次郎安連という地頭で、順徳上皇に奉仕していたという。父の次郎入道は日蓮に同情を寄せていたので、子息や下人等も流人《るにん》を憎まず、危害を加えることもなかった。中興入道は始めは好意をもっていた程度であったが、次第に日蓮に感化されて、終《つい》には法華経の信者になった(『中興入道消息』)。

観心本尊鈔の述作

このように一ノ谷に移って後は、日蓮を尊敬し、又信者になるものが次第にふえ、法華経の信仰は漸く佐渡の国にも弘まって行った。翌文永十年二月十五日の仏涅槃会《ねはんえ》に、日蓮は伝教大師の仏法血脈譜《けちみゃくふ》に倣《なら》って『法華宗内証仏法血脈』を著わした。その趣意は日蓮の内証が釈尊から直接相承《そうじよう》した血脈であることを説くにあり、「外相《げそう》は天台宗に依るが故に、天台を高祖とし、内証は独り法華経に依るが故に、釈尊・上行菩薩を直師《じきし》とす」という。即ち、外相の相承は、釈尊——天台——伝教——日蓮と次第し、内証の相承は、釈尊——上行菩薩——日蓮と次第する。従って、天台宗の立場を離れたので、法華宗比丘日蓮と自署している。この書は『観心本尊鈔』を著わすに先だって、宗旨の血脈を明らかにしたものである。

それから四月二十五日になって『如来滅後五五百歳始観心本尊鈔』（略して観心本尊鈔という）という一書を著わして、上行菩薩が久遠実成の釈尊から別付属を受けた、妙法蓮華経の五字・七字の題目を弘めるという趣旨を、明らさまに宣言した。それで翌日使に託してこれを送るに際して、富木《とき》入道に宛てた副状《そえ》に、「観心の法門、少々之を注し、太田殿教信御房等に奉る。此事は日蓮の身に当っての大事である。秘して置いて志の確かなものにだけ見せてもよろしい。此書は難問が多くて答釈が少なく、未聞の法門であるから、人の耳目を驚動するであろう。仏滅後二千二百二十余年の間、此書にあかした肝心は未だ現われなかった。国難を受けている身を顧みず、五五百歳（第五の五百年の意で、即ち仏滅後二千一年から二千五百年の間）を期して、之を演説する」と、その大きな抱負を述べている。

観心本尊鈔の要旨

この『観心本尊鈔』の要旨は、最初に天台宗で凡夫の一念の心に三千の法が理として内在していると説く法門（理具の一念三千）から、理としてではなく、事実現在するという日蓮のいわゆる事具の一念三千を導き出し、その凡夫の心の三千の法とは、釈尊の修行と成就した功徳に外ならず、釈尊の因行と果徳とは妙法蓮華経の五字の題目の中にすべて籠められてあり、従って我等がこの五字を受持すれば、自然に仏の因果の功徳を譲り与えられると述べる。次に我等が心の内の釈尊とは、本門の寿量品で過去久遠劫の成仏を顕《あ》かした久遠実成の本仏であり、己心の事具の三千というのも、この久遠実成の釈尊が初めて仏となった時の身心の一念三千であるから、天台宗の理論として措定《そてい》した一念三千とは質的に違うといい、このような一念三千は、法華経の前半迹門《しゃくもん》にも仏は説かれず、ただ後半本門の中の八品(涌出品から嘱累品まで)に至って、上行等の地涌の菩薩を召して、この本門の肝心南無妙法蓮華経を説いて、之を付属されたと論ずる。これが上行所伝の題目で、本仏釈尊の因行果徳が含まっているから、これを受持すれば衆生の心に内在する本仏が開顕することになる。最後に日蓮自らが地涌の菩薩であることを「末法の初に地涌の菩薩が始めて世に出現して、ただ妙法蓮華経の五字を幼稚に服させる。我が弟子これを惟《おも》え」といって暗に示唆《しさ》している。この『観心本尊鈔』では明らかに、天台宗の迹門の立場を捨てて本門の立場に立っているので、天台沙門という称を廃《や》めて、本朝沙門日蓮と自署している。

四　流罪赦免

大仏宣時、虚御教書を下す

さて日蓮の感化が次第に佐渡一国の士人・百姓に及んで行くのを見て、念仏者達は何とかして日蓮を失おうと相談した末、念仏の唯阿弥陀仏、律僧の性喩房、良観の弟子道観等が文永十年六月頃鎌倉に上って、預りの武蔵守宣時に訴えていうには、「日蓮が島に居るならば、堂塔はなくなり、僧は一人も居なくなってしまいましょう。その信者達は、阿弥陀仏を火に投じたり、或は河に流したりします。彼の僧は夜も昼も高い山に登って、日月に向って大音声で上を呪咀し奉り、その音声は国中に聞えます」と。大音声で呪咀云々《うんぬん》というのは、日蓮が高い山に登って、天照大神・正八幡宮が法華経の行者たる日蓮を守護しなければ、教主釈尊・多宝如来及び十方諸仏の御宝前で立てた誓言《せいごん》に背くではないかと大声に叱責したこと（『光日房御書』）を取り上げて、讒訴したのである。武蔵前司宣時（七月一日武蔵守辞任）はこれを聞いて、執権に申すまでもあるまいと、私の御教書《みきょうじょ》を下し(『千日尼御前御返事』)、「国中のものが日蓮房につくならば、或は国を追放し、或は牢に入れよ」と下知した。このような虚《そら》御教書(『窪尼御前御返事』)を三度も下したので、佐渡の国では、流人《るにん》の住所の前を通ったといっては牢に入れ、或は流人に供養したといっては所払いにしたり、妻子を質に取ったりして、信者等に圧迫を加えた。

流罪赦免の動き

鎌倉では執権時宗は、始めから日蓮処分には躊躇の色を示しており、それに竜の口事件から一ヵ月で蒙古の使者趙良弼が国書をもたらし、翌文永九年二月の内乱につづいて、高麗や蒙古の使節が返書を督促し、幕府も軍備や祈禱に忙殺される有様であったので、幕府内部にも日蓮の予言的中に恐怖心を抱く者も出て来て、赦免の動きが現われ始めたようである。それで平の左衛門尉や武蔵守宣時などの敵人は、公の下文《くだしぶみ》を出すことが出来ないので、いつわりの御教書を下して迫害を加えようと企てたのである。三度目の御教書かと思われる文永十年十二月七日附のものが、『法華行者値難事《ちなん》』という消息に全文載せられてあり、この消息は翌十一年正月十四日附で富木《とき》入道に宛てられ、他の門人にも披露して読み聞かせよとある。鎌倉の日蓮門下は夙《はや》くから師の赦免運動を行い、富木入道もこれに力を藉《か》していたらしい。それが幕府内部に赦免の気運が胎動して来たのに乗じて、要路の者に熱心に働きかけた。弟子達は幕府に運動する一方に於て、日蓮に対して、今までの激しい折伏《しゃくぶく》の態度を緩めるように進言したらしい。これに対して日蓮は、摂受《しょうじゅ》・折伏《しゃくぶく》の二義は仏説に依るところで、私曲ではないと(文永十年四月十日附『富木殿御返事』)、折伏をやめない旨をほのめかし、更に文永十年五月五日、富木入道等に宛てた『真言諸宗違目《いもく》』には、「日蓮の御免を蒙らんと欲するの事を色に出す弟子は、不孝の者なり。聊も後生を扶《たす》くべからず。各々此の旨を知れ」と、態度を緩和して赦免運動をすることをはっきり禁止している。

日蓮の心中は、末法の世に法華経を弘通《ぐづう》すれば三類の強敵《ごうてき》が現われて、法華経の行者は刀杖瓦石《がしやく》の難を蒙り、しばしば擯出《ひんずい》されることは経文に明証があるから、かかる迫害を受けても少しも歎くべきではなく、仏説を実証するのであるから却って悦ばしいことであると確信していたのである。それで「日蓮が流罪は今生の小苦なればなげかしからず。後生には大楽をうくべければ大に悦ばし」(『開目鈔』下)とも、「劫初《こうしよ》より以来、父母・主君等の御勘気を蒙り、遠国の島に流罪せらるるの人、我等が如く悦び身に余りたる者よもあらじ。されば我等が居住して、一乗を修行せんの処は、何れの処にても候へ常寂光《じようじやくこう》の都たるべし」(『最蓮房御返事』)とも述べている。恐らく、国主の北条氏が謗法の念仏・禅・真言・律等を禁遏《きんあつ》し、法華経を信奉するようになって、日蓮を迎えるならば鎌倉に還ることは望ましいが、そうでなければ佐渡に留って法華経を弘通し、死後、霊鷲山《りようじゆせん》の釈尊の許《もと》に赴くこそ本望であると覚悟していたに違いない。けれども霊山の法華会座《えざ》で法華経の行者を守護するという諸天善神の誓言もあり、また鎌倉の弟子達の音信で、鎌倉の情勢の変化したことも伝えられてきたので、流罪赦免の時期が近づいているという予感をもったかも知れない。

北条時盛の帰依

このような時に、北条氏の一門である北条弥源太時盛が日蓮に帰信の志を表わし、刀を贈り届け、祈禱を頼んで来た。文永十一年二月二十一日、それに対する返書を書き送り、「かかる者の弟子檀那となられることは不思議で、定めて子細が御座ろう。相構えてよく〱御信心あって、霊山浄土へまいり給え。又御祈禱のために御太刀、同じく刀、合わせて二つ送って来られた。殿のもっていた時は悪の刀であるが、今仏前に奉れば善の刀となろう」と述べている。この弥源太はこの後、日蓮の忠実な信者となり、身延に退隠してからもわざわざ訪ねている(『弥源太入道殿御消息』)。

流罪赦免

鎌倉では日蓮赦免説が優勢になってきて、遂に執権時宗は反対者を抑えて、流罪赦免の断を下した(『中興入道消息』)。二月十四日、赦免状をもった使者は鎌倉を出立し、三月八日に佐渡の国に着いた（『光日房御書』）。その一行には土牢の禁固を赦《ゆる》された弟子日朗が加わったという。

佐渡を発す

日蓮は同三月十三日に一ノ谷《さわ》を立って、真浦の津に着き、十四日はそこに留まった。島の念仏者等は集まって、阿弥陀仏の御敵を生かして帰すのは残念な事だといって、色々危害を加えようとしたが、翌日思わざる順風が吹いて、寺泊に着くはずが、須臾《しゅゆ》の間に柏崎に到着した。越後の国府《こう》、信濃の善光寺の念仏者・律僧・真言師等は集まって、生身《しょうじん》の阿弥陀仏の御前は何としても通すまいと図ったが、越後の国府から警固の武士が数多く附添って来たので力及ばず、善光寺も無事に

鎌倉着

過ぎ、三月二十六日に鎌倉に着いた（『種々御振舞御書』『光日房御書』）。

第六　身延山隠棲

一　最後の諫暁

赦免の理由

幕府が日蓮を赦免したのは、予言の的中に恐れを抱いたからだけではなかった。蒙古の態度が次第に威嚇的になって、万一の場合を覚悟しなければならない情勢となったので、蒙古の来寇についての予見を問い、併せてその退治の祈禱をも行わせようと図ったからであった。

評定所の問答

文永十一年四月八日、日蓮は幕府の召を受けて、評定所に出頭した。平の左衛門尉は三年前の九月十日の時とはまるで態度が変って、面《おもて》を和らげ、威儀を正して、執権の意を受けたように、蒙古は何時頃押寄せるであろうかと尋ねた。日蓮は経文には明らかに年月を指してはないが、天の気色《けしき》を見るのに、以ての外に此国を睨んでいるから、今年は必ず押寄せて来ると思う。若し押寄せて来たら、これに立向えるものは一人もないであろう。これは天の譴責である。日蓮を御身等が用いないから、何とも致し方はない。また真言師等に調伏《ちょうぶく》を行わせてはならない。若し行わせるようなことがあれば、益々事態は悪くなるであろう」(『種々御振舞御書』『下山御消息』)と答えた。伝説によると、この時幕府は日蓮に対して、愛染《あいぜん》堂の別当として千町の田を寄附するから、他宗の折伏《しゃくぶく》を止めて、蒙古調伏の祈禱をするように勧めたが、日蓮はこれを斥けたという。日蓮の応答の中に、天の気色が以ての外に此国を睨んでいるというのは、『法華取要鈔』に「而るを今年佐渡の国の土民口々に云ふ、今年(文永十一年)正月廿三日の申《さる》の時に、西方に二の日出現す、或は云く、三の日出現す等云々。二月五日には東方に明星二つ並び出る、其中間は三寸計り等云々。此大難は、日本国先代にも未だこれ有らざるか。最勝王経の王法正論品に云く、変化《へんげ》の流星堕ち、二の日倶時《ぐじ》に出で、他方の怨賊《おんぞく》来って、国人喪乱に遭ふ等云々。」と説いているのを指したものであろう。両日並び出現するというのは気象上の異変であって、日蓮はこういう気象異変を重大視して国難と結び付け、経文の中からうまく当て嵌《はま》るような章句を見付け出して解釈する態度をとるので、この場合もたまたま最勝王経の中に適当な章句があって、それがちょうど目下の日本の情勢に符合したので、上述のように平ノ左衛門尉に答えたものであろう。気象異変を解釈する場合は、すべて方便権教として低く評価している経典を引証して、法華経は依用していない。権教の経典に依る証明ならば、証明力は確実ではない筈であるのに。

定清法印の祈雨

さて幕府は日蓮に対して妥協を図るような態度をとりながら、四月十日から旱魃の雨祈りを阿弥陀堂の加賀法印定清に仰せ付けた。祈禱が始まると、翌日から雨がしずかに降り出して一日一夜降りつづいたので、執権時宗は感歎のあまり金三十両に馬、その他種々の引出物を与えた。鎌倉中の上下のものは、手をたたき口をすくめて、「日蓮は邪法門を唱えて、すんでのことに頸を切られようとしたが、ようよう赦されて帰ったと思えば、念仏・禅をそしるばかりでなく、真言の密教などをも謗るから、このように霊験があらたかなのだ」と嘲り罵った。日蓮の弟子の中にもがっかりして、「真言の祈禱を謗るのは、余りに乱暴に過ぎはしないか」と言い出す者も現われた。日蓮のいうには「善無畏や不空の雨の祈りに雨は降ったけれども、大風が伴なっている。弘法は三七日過ぎてから雨を降らせたが、これなどは雨を降らさぬと同然である。三七二十一日たって降らぬ雨があろうか。たとい降ったとしても何の不思議があろうか。天台大師や千観上人のように即座に降らすのが尊いのだ。いま法印の祈禱で雨は降り出したが、定めて子細があろう」と。そういっている中に大風が吹き始め、大小の舎宅・堂塔・古木・御所等を或は天に吹き上げ、或は地に吹き倒し、数多くの人畜を殺傷した。『北条九代記』にも、「四月十二日大風、草木枯槁《ここう》す」とあるから、大風が吹いたことは確かである。

日蓮は阿弥陀堂の法印が日蓮に勝つならば、竜王は法華経の敵であり、梵天・帝釈・四天王に責められようという信念をもっていたので、大風が吹いて法印の祈雨を無効にしたのを当然のことと思い、疑いを抱いていた弟子達も、不思議なことよといって舌をふるわしたという。

二　身延入山

『立正安国論』の上書、文永八年(一二七一)九月十日の評定所での諫暁《かんぎょう》、同十一年四月八日の直諫と、三度に亘る諫めも遂に幕府の用いる所とならなかった。この上鎌倉に留って諫争・折伏《しゃくぶく》をつづけても、幕府や諸大寺の反省する見込はなく、却って事態は悪くなろうと考え、早く世間を遁れて一期《いちご》の大事を遂げようと心を決し、「三たび諫めて聴かれずば、則ちこれを去る」の古訓に随い、翌五月十二日、鎌倉を去って甲斐の国南巨摩郡波木井《はきり》郷の蓑夫《みのぶ》山に向った。一年後にこの時を追懐して「扶けんがために申すものを、これ程あだまるゝ事ならば、赦免された時、佐渡の国からどんな山中・海辺にも隠れてしまえばよかったが、此事を今一度、平の左衛門尉に申し聞かせて、日本国の攻め残される衆生を助けんがために鎌倉へ上ってきた。しかし申し聞かせてしまった上は、もう鎌倉にいる必要はないので、足に任せて出立した」（『高橋入道殿御返事』）と述べている。その夜は酒匂《さかわ》の宿に泊り、十三日は足柄峠を越えて竹ノ下、十四日は黄瀬川に沿って車返《くるまがえし》（沼津）まで下り、十五日は富士山麓の浮島ヶ原を通って大宮に着き、十六日は南部郷内房《うつぶさ》で信者の家に宿り、翌十七日に富士川の岸を遡って甲州波木井に到着し（『富木殿御書』続集）、この地の地頭波木井《はきり》六郎実長の迎えを受けて、身延山近くに泊った。

身延入りの理由

日蓮が身延入りした理由は何であったろうか。勿論、波木井実長の懇請によるものではあろうが、日蓮の心情を示す言葉を遺文の中から拾い挙げると、第一に「三度国をいさめんにもちいずば国をさるべし」(『種々御振舞御書』)の礼記曲礼《らいきごくらい》の引用がある。また「日本国のほろびんを助けんがために、三度いさめんに御用いもなくば、山林にまじわるべきよし存ぜしゆへに」(『光日房御書』)とも述べている。これによって見ると、幕府に三度諫言を進めて用いられぬ時は、山林に隠れるという覚悟を前々から抱いていたことが分る。第二は「日本国にせめのこされん衆生を扶けんが為に」(『高橋入道殿御返事』)の短い語である。蒙古の来襲を必至と見ていたことは前述の通りであるが、来襲した際の戦禍をどの程度に考えていたか明らかでないが、国亡び人滅すといっているから、京・鎌倉は勿論、国の大半は蒙古軍に蹂躙されると漠然と考えていたのではあるまいか。国が亡びれば謗法は薄くなるから(『異体同心事』)、その時にこの身延の山中を法華経の道場として、正法を宣布し、一向大乗の国を再建しようと構想していたのではなかろうか。第三に遺文には明証はないが、従来の消極的な折伏《しゃくぶく》よりも、上行《じょうぎょう》菩薩所伝の正法《しょうぼう》を積極的に顕揚しようとの考えを抱くようになったので、自らは閑静の地にあって内証の法門を更に雕琢《ちょうたく》整理し、鎌倉の布教は日昭・日朗以下の弟子に委せ、時々弟子門人をここに来学させて、後継者の教育をしようと意図したのではないかと思う。

さてこの身延の山はどのような場所であるかというに、『松野殿女房御返事』に次のように書いている。「此の身延の沢という処は、甲斐の国の飯井野《いいの》・御牧《みまき》・波《は》木井《きり》の三箇郷の内、波木井の郷の戌亥《いぬい》の隅にあたっている。北には身延嶽が天をいただき、南には鷹取嶽が雲につづき、東には天子嶽が天日と高さをきそい、西には峨々として大山が続いて白根嶽につらなる。猿の啼声《なきごえ》は天に響き、蟬のさえずりは地に満ちている。天竺の霊山《りょうぜん》が此処に移り、唐土の天台山をまのあたりに見る思いがする。我が身は釈迦仏でもなく、天台大師でもないが、昼夜に法華経を読み、朝暮に摩訶止観《まかしかん》を講ずると、霊山浄土《りょうぜん》にも似、天台山とも異ならない」

と。また『妙法比丘尼御返事』には、「北は身延山と申して天に橋を立て、南は鷹取と申して雞足山(中印度マガダ国にあった山で、大迦葉入寂の地と伝えられる。)のようである。西は七面《なないたがれ》と申して鉄門に似、東は天子ヶ嶽と申して、富士山の太子に当る。この四山は屏風のようである。北に早河という大河があって急流箭《や》の如く、南に波木井河があって大石を木の葉のように流す。東には富士河が北から南へ流れ、千の鉾《ほこ》をつくようである。山内に身延の滝という滝があって、白布を天から引く観がある。この内に狭小の地があって、ここに日蓮の庵室がある。深山であるから昼も日の光を見ず、夜も月を詠《なが》めることがない。峯には巴峡《はきよう》の猿がかまびすしく啼き、谷には波の下る音が鼓を打つようである」と叙している。

伝説によると、波木井実長が一大精舎《しようじや》を建てようとしたのを、俗家の権威を仮るべからずといって、日蓮はこれを辞《ことわ》ったという。

このような四山・四河の中に、正確にいうと鷹取山と身延山との麓で、やや鷹

身延山久遠寺（山梨県南巨摩郡身延町）

取寄りの所に手の広さほどの身延の沢があり、日蓮はここに庵室をしつらえて、数年間ここで暮した。入山《にゅうざん》の年七月の書状には、「木の下に木葉《このは》打ちしきたるやうなるすみか」（『上野殿御返事』文永十一年七月）とあり、弘安三年正月の秋元太郎兵衛宛の消息にも、「天雨を脱《のが》れ、木の皮をはぎて四壁とし、自死の鹿の皮を衣とし、春は蕨を折りて身を養ひ、秋は果《このみ》を拾ひて命を支へ候」とあって、その庵室の粗末さが窺われる。この柴の庵も作ってから四年目には、柱は朽ち壁は落ちてしまい、修理することもならずに、夜は燈火の代りに月の光で聖教《しょうぎょう》を読み、経巻は巻かなくても風が自然と巻き返すという有様であった（『庵室修復書』）。また「山の中風はげしく、庵室は籠の目の如し」（『四条金吾許御文』）ともいっている。

山中衣食の窮乏

住居の甚だしさに加えて、衣食も困窮を極めたようである。山中のことであるから米・芋はなく、筍・茸は季節になると生えるが、塩がないので味は土のようだといっている（『上野殿御返事』弘安二年八月）。甲州はもともと塩のない土地である上に、人里遠く離れた身延の山奥であるので、塩には非常に難渋したらしく、「塩なき処には、塩、米にもすぐれて候」（『南条殿御返事』建治二年）といい、塩一升を銭百で買い、塩五合と麦一斗と換えている（『上野殿御返事』弘安元年）。また衣服も粗末なものを着ていたらしく、「苔は多けれども、うちしく物候はず、木の皮を剥いで敷物とす、莚いかでか財とならざるべき」（『莚三枚御書』続集）とか、「うちしく物は草の葉、きたる物は紙ぎぬ、身の冷ゆる事は石の如し」（『四条金吾許御文』）と記し、「衣もうすく寒（さ）ふせぎがたし、食絶へて命すでにをはりなんとす」(『上野殿御返事』弘安二年十二月)とも述べている。このように衣食に窮乏していたので、鎌倉の門人・信徒から、銭をはじめ白米・麦・芋その他の食糧、布・綿の衣料を時折送り届けていたが、山中に集まる人々が次第に増えてきたので、到底十分とはいえなかったようである。

山中の寒気

それに身延は気候の烈しい所で、冬は十月に既に雪が降り、四月にならなければ若草は芽生えず、半年は五—六尺の雪の中に閉ざされている。「身延山は知ろしめす如く、冬は嵐はげしく、ふり積む雪は消えず、極寒の処にて候間、昼夜の行法も膚うすにては堪へ難く、辛苦にて候」(『観心本尊得意鈔』)とは、入山二年目の建治元年冬の有様であるが、弘安元年の冬は、特に非常な寒さであったらしく、次のように述べている。今年は余国はどうか知らないが、この波木井は法に過ぎて寒気が烈しい。古老に尋ねてみるに、八十・九十・百歳になる者の話では、昔はこれ程寒かったことはなかったとのことである。この庵室の附近一町ほどの間は、雪が一丈乃至二丈五尺程も積っている。昼も夜も寒く冷えることは尋常ではない。酒は凍って石の如く、油は金のようである。鍋・釜に少し水があれば凍って割れ、寒気は益〻募るけれども、着物はうすく、食物は乏しく、木を提供する者もないので火も焚かない。古い垢《あか》頭巾を被《かぶ》り、小袖一枚位着たものは、身体の色は紅蓮のように赤く、声は波々地獄に異ならない。手足は寒さのために切れ裂け、数多くの死人が出た。この異常の寒気のために、去年十二月から患っていた自身の下痢が、ややもすれば発《おこ》りがちである（『兵衛志殿御返事』）と。

翌弘安二年から三年正月にかけても一丈の大雪で、四壁は氷を壁とし、軒のつららは道場荘厳の瓔珞《ようらく》の玉に似、室内には雪を米と積む（『筒御器鈔』）状態であり、ついで弘安四年から五年の冬も大寒で、「深山の中に白雪三日の間に庭は一丈に積り、谷は峯となり、峯は天に梯《かけはし》かけたり。鳥・鹿は庵室に入り、樵牧は山にさし入らず。衣はうすし、食は絶えたり。夜は寒苦鳥にことならず」（『春初御消息』）と書いている。

門人、信徒の来訪

日蓮が身延に隠棲すると、供養の品々を贈り届けるばかりでなく、遠国から難路をいとわず、深山に師を訪ねる門人・信徒の数も少なくなかった。最初に訪ねて来たのは、思い出の佐渡の国で阿仏房夫婦と共に日蓮を扶養した国府《こう》入道で、

国府入道

入山の翌年建治元年四月、妻の志として佐渡の土産である海苔・わかめなどを携えて来た。日蓮はこの思いがけない来訪を非常に悦び、入道が島へ帰るのに托して、その妻女に宛て、「佐渡の国に居た時に御信用なされたことさえ不思議に思ったのに、ここまで入道殿を遣わされた御志、誠に忝く思う。又国も遥かに、年月も度重なったので、弛む心も如何かと疑ったのに、いよ〳〵信仰を色に表わし、功を積ませられること、恐らく過去一生・二生のことではなかったのではないか」(『紺入道殿御返事』)と、その信仰の不退転を喜ぶ言葉を送り、その後で、もし蒙古国が日本に侵入して来た時は、ここに難を避けるように、また、子息が居ないから頽齢に

なったら、ここへ移り住む積りでいるようにとも述べて、その身の行末を思い遣っている。

国府入道につづいて、その夏、阿仏房も八十七歳の高齢ながら、遙々、海山を越えて訪ねて来た。阿仏房はその後、建治三年六月（遺文集は建治元年としてあるが、前後の事情より建治三年であろう）にも、妻千日尼からの贈物、銭三百文と単衣《ひとえ》一領を持って来訪した。更に翌弘安元年七月六日、千日尼の亡父の十三回忌の志の物銭一貫文を携えて佐渡を出立し、同月二十七日に三度身延を訪れた。去年から疫病が流行している中を、九十歳の老体にもかかわらず無事に到着したので、日蓮は早速、千日尼や国府入道の安否を尋ね、両人とも無事でいることを聞くと、非常な喜びようで、盲目の者が開眼し、死亡した父母が閻魔宮から寄越した音信を夢の中で読むような悦びであると述べている（『千日尼御前御返事』）。そして千日尼に対して、「去ぬる文永十一年より今年弘安元年までは、すでに五箇年が間此山中に候に、佐渡の国より三度まで夫をつかはす。いくらほどの御心ざしぞ。大地よりもあつく、大海よりもふかき御心ざしぞかし」(同上)といって、その厚い志を謝している。

かくして阿仏房は三度も身延を訪れて、師から親しく法門を聴き、法華経の信心を益〻深めて故郷へ帰ったが、八ヵ月後の弘安二年三月二十一日、九十一歳の老齢で歿した。その子藤九郎盛綱は父の百ヵ日に当って、遺骨を奉じて七月二日に身延に詣で、法華経の道場に埋葬して帰った。翌三年七月一日にも再び身延を訪れて、亡父の墓を拝み、父の跡をついで熱心な法華経の行者となった(『阿仏房鈔』)。

富木胤継

また在俗信徒の中で、日蓮と最も関係の深い下総の富木《とき》胤継や駿河の南条時光も、音信をつづけると共に身延を訪れている。富木入道は建治二年二月下旬に母の法日尼が歿したので、その遺骨を奉じて身延に来、日蓮に謁した。

南条時光

南条時光は富士西麓の上野郷を領していた南条兵衛七郎の子である。兵衛七郎は北条時頼の近侍として鎌倉に居る間に、日蓮の教化を受けて信徒となり、文永元年頃には法華経の信解も相当深くなっていたようであるが、文永二年か三年頃に病歿した。その時、時光はまだ幼少、弟の五郎は母の腹にあったが、日蓮が身延に退隠した頃は、時光は十七―八歳の青年となり、父母の信心を承け継いで、山中の師に供養をつづけた。

日蓮が入山して程経ない文永十一年七月に、時光は身延の庵室を訪うて、銭などを届けている。翌年の建治元年に、時光は上野の館の造築を始め、その七月に白麦一俵・小白麦一俵・河海苔五帖を身延に送ったところ(『南条殿御返事』建治三年にかけるのは誤)、日蓮は八月に火災の難を防ぐための棟札を書き遣わした(『上野殿御書』建治元年)。このように上野の館と身延の庵室との間には屢〻使者の往来があり、時光も時には自ら山中に赴いて、日蓮の教化を受けていたようである。弘安元年の春三月と覚しい頃、時光は身延に参って、何かの遊びをして、病床の師を慰めた。それに対して、日蓮は「心なぐさみて、やせ病もなをり、虎となるばかりをぼへ候」(『延三枚御書』続集)と悦びの言葉を述べている。弘安三年になると、前年来の駿河熱原《あつはら》の信徒迫害が日蓮の骨折で下火となったので、時光は弟五郎を連れて、六月十五日に御礼のため山中を訪れた（『上野殿御返事』弘安三年）。その弟は間もなく九月に死に、母の歎きを慰める消息が数々送られている。

四条頼基

また在家門人の中で、日蓮が最も親愛の情をよせていた四条金吾頼基も、弘安元年十月に、日蓮の病気を見舞うため身延を訪れた。四条金吾は北条氏の一門江馬光時の家臣で、念仏者の主人に法華経の信者になるよう、面を犯して説いたために主君の不興を蒙り、閉門謹慎を命ぜられた。たまたま建治三年の秋頃、江馬入道が永患《わずら》いの床についていた時、金吾は日蓮の指示に従って薬を与え、祈りを捧げてその平癒を計ったので、入道の病が治ると共に、機嫌が直り、金吾の忠誠に感じて三ヵ所の所領を増俸した。金吾は日蓮の恩を謝し、春以来病んでいた師を見舞うために、医薬や小袖の外に、秋の食物・新穀・酒を携えて訪れたのであった。日蓮は最愛の弟子の心尽しを非常に悦び、「御治法に段々効験が現われて、今所労も平癒し、以前よりも元気になった。今度命が助かったのは、偏えに釈迦仏が、貴辺の身に入り替って、助けられたものか」と感謝の意を述べ、つづいて鎌倉への帰途の危難を憂え、来る人毎に金吾の様子を尋ね、鎌倉で見たという人に会って始めて安心したといい、「是より後は身辺危険であったならば御出でになってはなりません。大事のことがあったら、御使者で承りましょう。今度の道中はあまりにも心配でありました。敵という者は、忘れさせて狙うものです。今後、旅に出られる時には、馬を惜しんではなりません。よい馬にお乗りなさい」と、心配の余り綿密な注意を与えている（『四条金吾殿御返事』弘安元年十月）。

本堂を新築す

このように門人・信徒達が相ついで身延を訪れたので、いつも相当多数の人が居たらしい。弘安元年十一月二十九日に池上兵衛志《ひょうえのさかん》に宛てた消息には、「人はあまりいない時で四十人、いる時は六十人。どんなに辞っても、ここにいる人の兄だといって来、舎弟だといって留っているので、気の毒で何故居るのかともいえない。心では、静かに庵室を結んで、小法師と自分だけで、御経を読んでいようと思っていたのに、こんなに煩わしいことはない。また年が明けたら、何所かへ逃げて行こうと思っている」と述べている。随って庵室もこの頃までには、漸次附属家屋が建て増されていたに違いない。そして弘安四年十一月には、波木井実長の希望した通り、十間四面の本堂が建てられ、その年の天台大師講(十一月二十四日)はこの新堂で勤修《ごんしゅ》された(『地引御書』)。これが後の久遠《くおん》寺になるのである。

三　蒙古来襲と上行自覚

文永十一年(一二七四)五月、身延に入った日蓮は、同月二十四日に『法華取要鈔』という一書を著わして、末法の世に弘通《ぐづう》すべき法門は、上行《じょうぎょう》菩薩所伝の三大秘法である旨を明らかにした。その中で、如来滅後二千余年の後の五百歳に当る当

法華取要鈔

世に於て、竜樹・天親・天台・伝教の説き残された秘法とは何か、という問を設け、これに対して、本門本尊・本門戒壇・本門題目であるといい、末法に於ては一閻浮提《えんぶだい》（世界の意）みな謗法《ほうぼう》となってしまったので、逆縁のためには、但《ただ》妙法蓮華経の五字に限ると説き、このように国土乱れて後に上行菩薩等の聖人が出現して、本門の三つの法門を建立するのであって、一天四海一同に、妙法蓮華経を広宣流布することと疑いないであろうか、と結んでいる。

この書は『観心本尊鈔』の趣旨を一層明らかにすると共に、弘安四年の三大秘法の顕示の序をなすものであり、自身が上行菩薩の再誕であるとの信念を言外にひらめかしている。やがて蒙古の第一回来襲に逢うと、この信念を明白に吐露するようになるのである。

蒙古の来襲（文永の役）

七月二十五日に日蓮は、蒙古調伏の為と思われる一つの大曼荼羅《まんだら》を書写している。この頃、蒙古の忽必烈《フビライ》は日本侵攻の準備を着々と進め、日本征討都元帥忻都《きんと》

（また忽敦とも書く）・右副元帥洪茶丘《こうさきゆう》・左副元帥劉復亨《りゆうふくこう》が漢蒙軍二万五千・高麗軍八千・戦艦九百余艘を率いて、今や進発を待つばかりの態勢にあったのである。十月三日この蒙古・高麗の連合軍は遂に慶尚道合浦《がつぽ》を発し、六日に対馬、十四日に壱岐を襲って島民を虐殺凌辱《りようじよく》し、十六・七両日肥前の平戸を襲い、十九日に筑前今津に一部上陸し、翌二十日博多湾に入り、海陸呼応して博多に迫った。大宰府は対馬の急報に接していたので、九州の御家人《ごけにん》を召集し、少弐経資がこれを率いて敵軍の侵入を防いだ。我が軍の将士は勇敢に戦ったが、敵軍の密集戦法と、新兵器の「てっぽう」とに悩まされて、遂に博多海岸の防禦線は崩れ、大宰府の水城《みずき》まで退却を余儀なくされ、敵軍は上陸して筥崎八幡宮を焼き払った。夜に入って敵軍は兵を収めて艦に帰ったところ、その夜たまたま暴風雨が起り、敵艦二百余艘は海上で覆没し、その他は戦を断念して合浦に帰ったので、我が国はわずかに難を免れることが出来た。これが文永の役である。

真言宗の破折

戦況が京都へ聞えたのは十一月六日で、十一日には既に身延の日蓮の所にも聞え、十一日附の南条時光への消息と、同二十日附の曽谷入道への消息には、他国侵逼《しんぴつ》難の予言が的中した感慨を述べ、「日蓮は日本国を助けようと深く思ったが、日本国の上下万人一同に国が亡びるためであったのか、警告を用いられぬ上、度々迫害を加えられたから、致し方なく山林に交《まじわ》ったのである。又大蒙古国から押寄せて来たと聞いたが、今までに申したことを用いていたならば、どうであったかと思うと哀れである」といい(『上野殿御返事』)、この度の国難を招いた源は、真言宗という悪法がはびこったからで、若し真言宗の僧正や法印に敵国調伏の祈禱をさせたならば、百日戦うところは十日で打負け、十日の戦は一日で攻め破られるであろうと警告している(『曽谷入道殿御書』)。

顕立正意鈔

日蓮としては、文応元年七月『立正安国論』の上進以来十四年間、自界叛逆《ほんぎゃく》難と他国侵逼《しんぴつ》難の必ず起ることを予言しつづけ、その中の自界叛逆難は二年前に既

予言的中と朝野の迷蒙に対する慨嘆

に現われ、今最後に残った他国侵逼難も事実となって現前したのであるから、蓋し深い感慨なきを得なかったであろう。このように警告が予言通りになったのにかかわらず、未だ上下万人が覚醒しないこの謗法の国を歎かずには居られなかった。そこで十二月十五日に『顕立正意鈔《けんりゅうしょういしょう》』を著わして、自分の警告を信じない人々の頑迷を嗟《なげ》き憤っている。「日蓮が去る正嘉元年八月二十三日の大地震を見て、勘《かんが》え定めて書いた『立正安国論』に、薬師経の七難の内五難忽ちに起って、二難がなお残っているといった。いわゆる他国侵逼難と自界叛逆難とである。……去る文永五年に蒙古国の牒状が我が国に到来した時に、賢人があればこれを怪しむべきであった。設《たと》い其の言を信じないとしても、去る文永八年九月十二日に御勘気を蒙った時吐いた強言が、次の年の二月十一日(六波羅と鎌倉との内乱)に符合してしまった。情《こころ》ある者ならば、これを信ずべきである。ましてや今年は既に蒙古国の災兵の上、二ヵ国を奪い取られた。設《たと》い木石であっても、設い禽獣であっても、感ずべく驚

上行菩薩たるの自覚の顕示

くべきであるのに、何事もないのは偏えに只事ではない。天魔が国に入り込んで酔えるが如く狂えるが如くである。誠に歎くべく哀《かな》しむべく、恐るべく厭うべきことである」と。

この『顕立正意鈔』と前後して、日蓮は上行《じょうぎょう》菩薩の自覚を明らかに示す特異な大曼荼羅《まんだら》を図《ず》顕《けん》した。この曼荼羅に図顕されているのは諸仏・菩薩以下の四聖《しょう》と、天部と、天台・伝教の二大師とだけで、

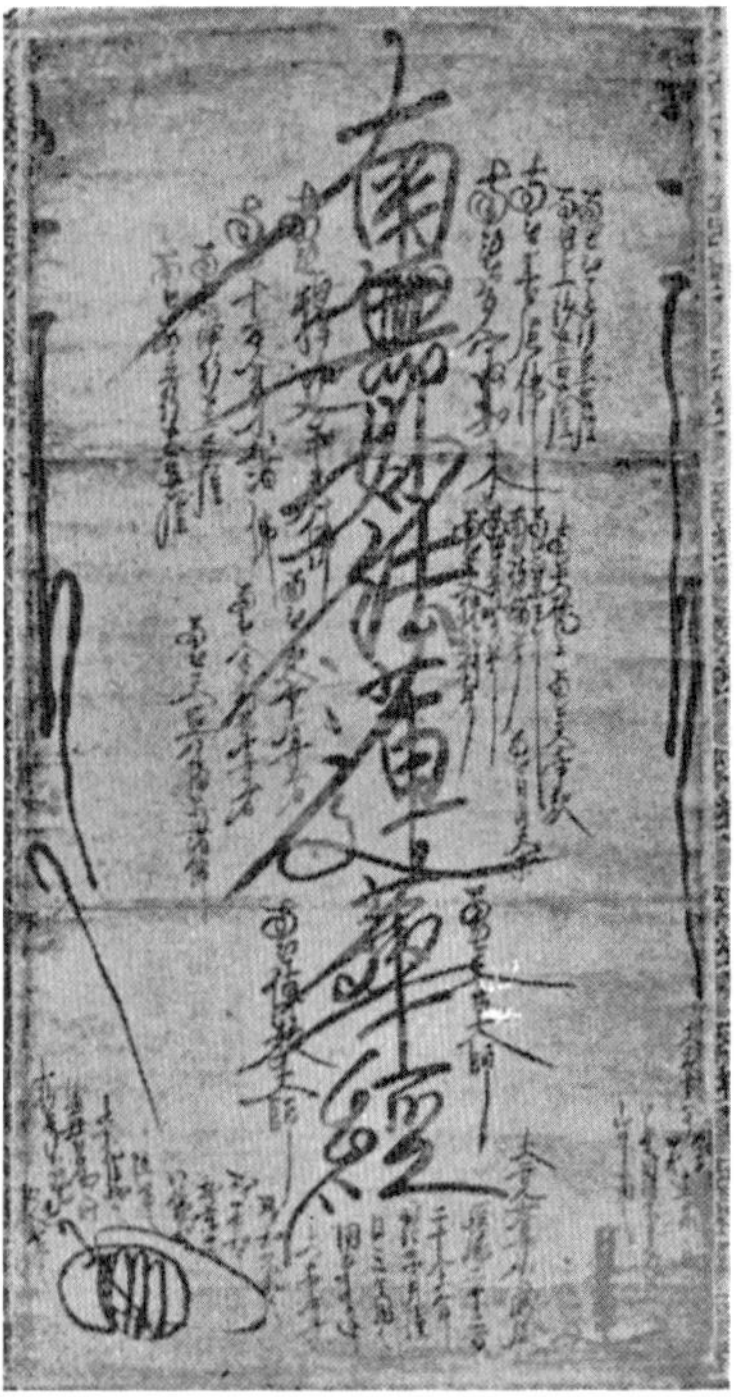

日蓮自筆本尊

人界以下を省略し、総てに南無を冠した総帰命《そうきみよう》の式をとっており、しかも日本の天照大神・正八幡は位置は天部であるに拘わらず、「南無天照八幡等諸仏」と書いて、仏としての本地を顕わしている。更にその縁起文には、「大覚世尊御入滅ノ後、二千二百二十余年ヲ経歴ス。爾《しか》リト雖モ、月・漢・日三ケ国ノ間ニ未ダ此ノ大本尊有《おわ》サズ。或ハ知ツテ之ヲ弘メズ、或ハ之ヲ知ラズ。我ガ慈父、仏智ヲ以テ之ヲ隠シ留メ、末代ノ為ニ之ヲ残シタマフ。後ノ五百歳ノ時、上行菩薩、世ニ出現シテ、始メテ之ヲ弘宣シタマフ」と書き、「文永十一年太歳甲戌十二月日、甲斐国波《は》木井《きり》郷山中ニ於テ之ヲ図ス。　日蓮」と自署している。後の五百歳とは仏滅後二千年を過ぎて後の五百年間の意で、末法の始めに当るから日蓮当時を指しており、その時に上行菩薩が出現して、この本門の本尊を弘めるというのであるから、これは明白に日蓮自身を指していることになる。この上行菩薩とは、修学の項でも説明したように、法華経原作者の意に従えば、仏の内面的なはたらきを寓意したものであって、日蓮の考えたような実在の菩薩では決してないのである。それを日蓮は実在の人物のように考え、法華経神力品《じんりきほん》に於て釈尊から、滅後の法華経の弘通を付属された特別の菩薩として扱っている。そして日蓮自身は十四年来、法華経の肝心南無妙法蓮華経を説きつづけ、そのために勧持品に説く仏滅度後の悪口罵詈《あっくめり》、刀杖の難や、数々見擯出《さくさくけんぴんずい》の難を蒙り、しかも大集《だいじつ》経等を引証して予言した自界叛逆難と他国侵逼難とが、適確に現実となって、ここに道理・文証《もんしょう》・現証の三証が具わったので、日蓮は従来の法華経の行者の自任を一歩進めて、上行菩薩の再誕と明言するようになったものと思う。

さて日蓮は蒙古の来襲を現実に見て、末法の世には法華経の本門の法門(南無妙法蓮華経)こそ広宣流布《こうせんるふ》せらるべきだとの信念を愈〻固め、末法の濁乱《じょくらん》の予言を繰返しつつ、釈尊から妙法蓮華経の五字を付属された自分が出て、この法門を弘め、謗法を退治して日本国を救うのであるとの趣旨を明らかにするために、翌年建治元年の夏に『撰時鈔』という一書を著わした。

まず末法の「時」とはどういう世相かを説いて、「第五の五百歳の時、悪鬼が体内に入った大僧等が国中に充満するであろう。其時に一人の智者が出現するであろう。悪鬼の入った大僧等が、時の為政者や万民を語らって、その智者を悪口《あっく》罵詈《めり》、杖木瓦礫《じょうもくがりゃく》、流罪死罪に行おうとする時、釈迦・多宝・十方の諸仏は、地涌《じゅ》の大菩薩等に仰せつけ、大菩薩は梵天・帝釈・日月・四天王等に申し下し、その時天変地夭が盛んに起るであろう」といい、天変地夭は智者を迫害した報いであるという以前のような解釈をとり、それに続けて、「為政者がその智者の諫めを用いなければ、隣国に仰せつけて、彼の国々の悪王・悪比丘等を攻められるならば、前代未聞の大闘諍が一閻浮提《えんぶだい》に起るであろう。その時、日月に照らされる四天下の一切衆生は、或は国を惜み、或は身を惜む故に、一切の仏菩薩に祈りをかけて験《しるし》がないと、彼《か》の憎んでいた一小僧を信じて、無量の大僧等・八万の大王等・一切の万民、皆頭を地につけて、掌を合わせて、南無妙法蓮華経と唱えるであろう。」と黙示録のように、遠い将来の予言をしている。そして、今に大蒙古国が数万艘の兵船を遣わして日本国を攻めるならば、上一人より下万民に至るまで、一切の仏寺や一切の神寺を放擲して、皆声を合わせて南無妙法蓮華経、南無妙法蓮華経と唱え、掌を合わせて、日蓮の御房助け給えと叫ぶのではないか、と再度来寇すべき蒙古の国難に際して、上行菩薩たる自分が果すべき使命を自負している。

四　三大秘法

上行菩薩の再誕を以て自任した日蓮は、上行菩薩が霊鷲山《りようじゆせん》の法華本門の会座《えざ》で本仏釈尊から直授《じきじゆ》されたという法華経の肝心南無妙法蓮華経を、本尊と題目と戒壇の三に開いて、これに本門の二字を冠して称し、この本門の三大秘法を一閻浮《えんぶ》提《だい》（全世界の意）に広宣流布し、一閻浮提が悉く妙法に同帰した場合には、本門の事《じ》の戒壇（具体的な戒壇）を建立して、ここを仏国土となった閻浮提の中心としようとする理想を抱いた。これは伝教大師が叡山に建立した円頓戒壇を継承しようとするもので、叡山の戒壇が日本一州の大戒壇であったのを更に発展させて、一閻浮提の戒壇にしようと願ったのである。

三大秘法の思想は、すでに佐渡在島中に萠していて、文永十一年正月十四日、佐渡から富木《とき》胤継に送った『法華行者値難《ちなん》事』という書の追申に、「天台・伝教は本門の本尊と、地涌《じゅ》の四菩薩と、戒壇と、南無妙法蓮華経の五字とは説き残された。その理由は、第一に仏が授与されなかったからであり、第二に時機が未だ熟さなかったからである。今は既に時機が到来し、四菩薩は出現するであろうか。日蓮は此事を真先に知った」と述べて、本門本尊・本門戒壇・本門題目は、天台・伝教二大師が時機未熟の故に説かれなかったのを自分が末法の世に顕示する、という主意を明《あ》かしている。また同年、身延に入山《にゅうざん》して間もなく、五月二十四日に著わした『法華取要鈔』にも、如来の滅後二千余年に、竜樹・天親・天台・伝教の残された秘法とは何かという問を設け、それに対して、本門本尊と戒壇と題目の五字とであると答え、「かくの如く国土乱れて後、上行等の聖人出現し、本門の三法門これを建立し、一天四海一同に妙法蓮華経の広宣流布、疑い無らん者か」と結んでいる。

三大秘法稟承事

更にこの三大秘法それぞれについて、説明解釈を施したのが、弘安四年の仏誕会に著わした三大秘法稟承事《ぼんじょうのこと》である。この書は太田金吾に宛てて送ったものであるが、また日蓮滅後の遺言とも見らるべきものである。

本門ノ本尊

その中で本門ノ本尊については、「寿量品に建立する所の本尊は、五百塵点の久遠劫の過去以来、此の国土に縁の深い本有無作《ほんぬむさ》三身（常住不変の本体としての法・報・応の三身の意）の教主釈尊である」といい、伽耶《ガヤ》で仏と成った歴史上の釈尊ではなく、法華経寿量品で始めて顕わされた、無始の過去に於て成仏した釈尊であると説いている。本門ノ題目については、「題目には正・像と末法との二つの意がある。正法には天親菩薩も竜樹菩薩も題目を唱えられたが、自行(自分だけの修行)だけにとどまった。像法でも南岳・天台また題目ばかり南無妙法蓮華経と唱えられたが、自行《じぎょう》のためにして、広く他のためには説かれなかった。これは理行《りぎょう》の題目である。末法に入って今、日蓮が唱える所の題目は、前代と異って、自行化他《けた》に亘って南無妙法蓮華経である」といい、前代の題目は観心の理論的修行としての題目であったのに対して、日蓮の題目は、修行と同時に成仏の結果を具現する事行《じぎょう》であると説く。次に本門ノ戒壇については、「戒壇とは、王法が仏法に冥し、仏法が王法に合して、王臣一同に本門の三大秘密の法を持《たも》って、有徳《うとく》王や覚徳比丘のそのむかしを、末法濁悪《じょくあく》の未来に移す時、勅宣ならびに御教書《みきょうじょ》を賜わり、霊山の浄土に似た最勝の地を尋ねて、戒壇を建立すべきであろうか。ただそれには時節を待たなければならない。事《じ》の戒法というのはこれである。三国ならびに一閻浮提の人が、懺悔滅罪する戒法であるばかりでなく、大梵天王・帝釈天等も来下《らいげ》して、踏み給うべき戒壇である」と説いている。

さて戒壇というのは、戒を受け、戒を授ける壇の謂《いい》であるから、戒壇の価値は戒の勝劣によって決められる。戒は戒法と戒体の二つにわけられ、一般には戒法は僧侶の邪非を防止する規則であり、戒体は戒を受ける時に心内に発得する防非止悪の力であるとされている。日蓮はここに事《じ》の戒法といっている。これは戒法と戒体とに分ける通途の考えを排して、戒法も戒体も法華経本門の肝心、妙法蓮華経の五字の中に包括したものを意味するのである。「法華経の本門の肝心、妙法蓮華経は、三世の諸仏の万行万善の功徳を集めて、五字としたものである。この五字の内に、どうして万戒の功徳が納まっていないことがあろうか。但し、この具足の妙戒は、一度受持すると、行者が破ろうとしても破ることは出来ない。これを金剛宝器戒とでもいうべきであろうか」(『教行証御書』)と説き、これを本門の戒と呼んでいる。この理を押して行けば、本門の戒はやがて成仏を意味することになる。「今、末法当世の有智無智、在家出家、上下万人、この妙法蓮華経を持《たも》ちて、説の如く修行せんに、豈仏果を得ざらんや」（同書）とはその意である。

戒壇を観念的に見るときは、この本門の戒を受持する行者のいる所には、いつも本門ノ戒壇が具わり、その居所は仏国土ということが出来る。「此人の所居《しょご》の土は、久遠実成《くおんじつじょう》の本国土妙なり」（授職灌頂口伝鈔）というのはこの意味である。日蓮も弘安四年の『三大秘法稟承事《ぼんじょうのこと》』の述作までは、この観念的な意味で説いて来ており、南無妙法蓮華経と唱える当体が本門ノ本尊、唱える行法が本門ノ題目、唱える場所が本門ノ戒壇と解せられるのである。従って理の戒壇の性格を脱しきっていない。また『三大秘法稟承事』においても、具体的な戒壇、即ち事《じ》の戒壇の建立は、「時を待つべきのみ」といっているように、一閻浮提の人々が悉く、法華経に帰依して、一天四海皆帰妙法の姿が実現するまで待つというのである。日蓮は王法と仏法とが冥合して、王臣一同に三大秘密の法を受持する仏在世のような時代が、何時かは到来すると信じ、そのような時代になったら、霊鷲山《りょうじゅせん》に似た場所を探し求めて、そこに具体的な戒壇を建立し、そこを一閻浮提の中心道場としようとの理想を抱いていたものと思われる。従ってこれは、滅後の門人に対する遺言とも見られる。そして日蓮が身延山を選んで退隠の場所としたのも、波木井《はきり》実長の招聘によること勿論であるが、「中天竺の鷲峯山《じゅぶせん》をここに移せるか」（『筒御器鈔』）といっているところから推察して、ここに本門事《じ》の戒壇を建立しようとの意図に出たのではなかろうか。身延に入ってからも、蒙古の来襲を機として上行菩薩の再誕を確信し、上行所伝《しょでん》の妙法を力強く弘通すると共に、他宗、殊には真言宗の折伏《しゃくぶく》を烈しく行っているのも、このような時節の到来を促進させようと念願していたのかも知れない。

五　教勢伸張と門徒の受難

日蓮は身延山中にあって、内には上行所伝の法門を明らかにして門人を教育し、戒壇建立の想を練りつつも、外に向っては、四海同帰の世を実現するために、邪法折伏《しゃくぶく》の運動を怠らなかった。他宗を論破するには、他宗の教義のみならず、多くの史実にも通じなければならないので、日蓮は門弟や信徒に依頼して経論・典籍を広く蒐集し、身延の経蔵を完全にして研究の便を図りたいと考えた。建治二年七月二十六日に清澄《きよすみ》山へ宛てた『報恩鈔送文』に、「内々人の申し候しは、宗論やあらんずらんと申せしゆへに、十分に分って経論等を尋ねしゆへに、国々の寺々へ人をあまたつかはして候に」と述べている。

このように経論を蒐集し、研究を深めるのは、諸宗を相手として公場の対決を行った場合に、徹底的に他宗を論破するためであったのである。日蓮は妙法蓮華経の五字を弘めるのに、公場対決を年来の宿望として来たのであり、そのために日朗を鎌倉に留めて、幕府を動かすように策励し、他の門弟にも機会ある毎に、各地で法論を戦わせた。

建治元年十月十五日附で、甲州に住んでいたらしい強仁という僧が、身延の日蓮の許《もと》へ問難状を送ってきた。日蓮は公場対決を目的としているので、私的な法論を辞《こと》わり、次のような返事を送っている。「此事は、余も年来問題としているところなので、すぐに返状を書いて自他の疑冰《ぎひょう》を釈《と》きたいとは思うが、遺憾ながら田舎で邪正を決めれば、暗中に錦をきて遊行し、澗底《たにそこ》の長松の匠《たくみ》に知られないようなことになろう。また必ず喧嘩の起る基となる。貴坊が本意を遂げようと思うならば、朝廷と幕府に奏聞し、勅宣か下文《くだしぶみ》を賜わって、是非を糾明すれば、上一人は咲《わらい》を含み、下万民は疑いを晴らすであろう。世間・出世間の邪正を決断するのは、必ず公場でなければならない」（『強仁状御返事』）と。返事の内容を見ると、強仁は京都・鎌倉の間を往来していた、天台密教の学僧であったらしい。日蓮の返事に対して何の反応も示さなかったから、強仁はそのまま黙止したものであろう。

竜象房との論戦

次に鎌倉で起った門下の有名な法論がある。建治三年頃、京都の念仏者で竜象《りゆうぞう》房というものが、鎌倉に下って来て、大仏門前の西、桑ヶ谷《やつ》に滞在して、良観房の斡旋でそこに講筵を設け、日夜説法を行った。能弁であったので鎌倉中の人々がこれを尊信した。竜象房は説法の座で常に、不審があれば質問せよと広言していた。そこで日蓮門下の三位房日行は、六月九日、四条金吾頼基を伴って説法の座へ行き、説法が一段落するのを待って問難を開き、遂に竜象房が一言も答えられぬまでに論破して還った(『頼基陳状』)。竜象房はこの前年、京都で人肉を食していたことが露見して、山門の衆徒に追われて夜逃げした者だと分り(『天台座主記』)、鎌倉からも逐電《ちくでん》したように記されている。

三位房日行

ついでに三位房日行について述べると、気鋭俊秀の人となりであったので、文永元年には叡山に留学を命ぜられ、その間、貴紳の家に出入するようになったことを師に喜び報じて、叱責されたことがあった(『法門可被申様之事』)。日蓮が身延に退隠するようになると、師命によって諸所に布教し、建治二年春には日向《にこう》と共に安房におり(『光日房御書』)、夏には鎌倉に移り、やがて身延へ呼ばれ(『辨殿御消息』)、その年の暮から翌三年暮にかけては駿河で布教を行った(『六郎次郎殿御返事』)。その後、弘安元年三月、鎌倉で公場対決の法論が行われるという報知が身延に届くと(『諸人御返事』)、日蓮は『教行証御書』(『遺文録』の文永十二年にかけるは誤という)を日行に書き与えて、法論に臨ませる準備をした。日行は鎌倉では日朗と共に活動していたらしいが、その後の動静は明らかでない。けれども、鎌倉で何か背反の行為があって、翌弘安二年五月頃に難に逢って横死したらしい(『四菩薩造立鈔』『聖人御難事』)。

四条頼基の災難

さて竜象房との法論は、日行に同伴した四条金吾頼基の身の上に、一大事を惹き起すことになった。良観・竜象の徒は、四条金吾が兵仗を携えて、竜象房の法席へ乱入し、悪口・乱暴したと幕府へ訴えたので、幕府は頼基の主人江馬入道光時にこれを移牒《いちょう》した。そこで江馬入道は島田左衛門入道・山城民部入道の両人を頼基の許へ遣わし、日蓮のような悪僧に帰依することを止め、この旨起請《きしょう》を書けと命じた。そこで頼基は第一に事実と相違する旨と説教の場の実状とを陳《の》べ、法華経を捨て難い由を答えた。そこで事重大と見たので、直ちに急使を身延に遣《や》って、この事を日蓮に報告し、その指図を請うた。日蓮は早速頼基のために陳弁の筆を執り、「日蓮聖人御房は、三界の主・一切衆生の父母たる釈迦如来の御使、上行菩薩であられること、法華経に説かれているのを信じたのである」と法華経信仰の理由を書き加えて、これを主人に上《たてまつ》るよう、七月上旬、一人の弟子を使とし、手紙を添えて頼基に送った。その添状の手紙には、この陳状を主人に差出すについての注意として、「大学三郎殿か、滝太郎殿、富木《とき》殿に、暇の折に書かせて上りなさい。この書を上《たてまつ》れば、きっぱり結末がつくでしょう。あまり急がずに周囲の者に取沙汰させてから差出せば、若しかするとこの陳状が鎌倉中に知れ亘り、執権の許に届くこともありましょう。そうなれば禍の幸いというものです。返すがえすも奉行人に諛《へつら》うような態度をとってはならない。この所領は主人の重病を法華経の薬でお助けして、その恩賞に賜わったものであるから、召上げられるならば、御病気はぶり返すでありましょう。その時になって、頼基に謝罪なされても、受け入れることは出来ませんと、当てつけに、憎たいげにいって帰りなさい」と記されている。

このような注意に随って、頼基は起請を書かず、また陳状は直ちに主人に差出さず、このような陳状があることや、最後にはそれを主人に差出すということを人々に披露したようである。江馬入道の側では、起請を書かせようと、種々圧迫を加えて来たらしい。九月十一日の書簡（『崇峻天皇事』）によると、江馬入道は病気で長く煩っていて、そのために頼基に薬を調合するよう望んだ。日蓮はこのことについても注意を与え、主人の召しがあっても、暫くは出仕しないようにし、若し強《た》ってというならば、鬢《びん》をもかき整えず、目立たぬ色の衣服を着て出仕せよと教えている。そうする中に江馬入道の病気もなおり、機嫌も和らいで、頼基の忠誠に感じて、やがて三ヵ所の所領を加増された。その所領というのは、信濃の国の殿岡という三ヵ郷であった（『四条金吾殿御返事』弘安元年十月）。四条金吾頼基は、弘安四年日蓮入滅と共に有髪の出家となり、身延の墓辺に庵を構えて墓を守りつづけ、正安二年七十一歳で歿した。

富木胤継の論戦

次に門下の法論で名声を挙げたのは、下総の富木《とき》入道胤継である。建治三年の九月頃、下総の真間《まま》の入江の名刹弘法《ぐほう》寺で、関東天台宗の学匠了性房信尊と富木入道とが法論を行った。その法席には下総で有名な思念という者もいて、この両人は年来日蓮を誹謗していた。その法論で胤継が、天台宗六祖の荊渓の『文句記』にある「権《ごん》ヲ稟ケテ界（三界の意）ヲ出ヅルハ、名ケテ虚出ト為ス」の句を引き、法華経以前の権教を学んで三界を出離しても、それは真実の出離ではないと論じた。了性房はそのような文はないと主張したので、胤継が原本を持参してその文を示すと、了性房と思念とは恥入って逐電《ちくでん》したという。胤継はこの論争のことを身延に報告した。それに対する日蓮の返事が十月一日附であり、その中で詳しく宗義を論じ、「これより後は下総では法論をしてはならない。了性・思念を問い詰めた上は、他人と法論すれば、却って浅薄になろう」(『富木入道殿御返事』)と忠告している。

このように門弟や信徒が内には宗義を研究し、外には法陣を張って教勢が漸く弘まるにつれて、迫害・圧迫がそれら門徒の上に加わって来た。その中で最も烈しかったのは、駿河の国熱原《あつはら》郷の信徒に加えられた迫害であった。駿河では富士郡上野郷の領主南条時光が、父兵衛七郎の跡を継いで、駿河信徒の中堅となり、身延に退隠した日蓮に衣食の供養を送っていたことは前述した通りである。そして弟子の日興は南条一族と親交があり、駿河を中心に布教を行ったので、信徒は次第にふえ、南条氏の姻戚の松野六郎左衛門の外に、富士郡の西山入道・高橋入道・三沢氏なども信徒となった。

駿河の教勢が次第に伸張して来たので、弘安元年頃から迫害が加えられ、南条時光が北条氏の家臣であるところから、同年七月末か八月の初めには所領換えを命ぜられ、その領内に既に実っている米を一万束も刈り取られてしまった(『大果報御書』続集)。翌年には、前年以来の不作飢饉で困窮している郷村に賦課して、富士大宮の造営を負担させ南条氏には何か勧農というような名目で重課をかけた(『上野殿御返事』。建治元年七月は誤り。『宝軽法重事』には弘安二年とする)。

これと同じ頃に富士下方熱原《あつぱら》郷の信徒に大迫害の手が伸びて来た。この熱原郷は北条氏大奥の所領であったので、良観等の信徒が大奥をそそのかして、領民迫害の挙に出たものと思われる。ことの発端は建治元年頃、熱原郷の真言宗滝泉《ろうせん》寺の学徒五人が、身延を訪ずれて日蓮の法義を聞いてから、三人が改宗し、名を日辨(越後房)・日秀(下野房)・日禅(少輔房)と改めたことにあった。寺の院主代平の左近入道行智(平頼綱の近親)は三人を叱責し、法華経を廃して一向に阿弥陀経を誦するという誓文を書かせようとした。三人はこれを聴かず、行智と衝突し、そのために日禅は寺を追い出されたが、他の二人は寺に留まり、住房を奪われるなどの種々の障難と戦いながら弘安二年になった。行智はなおも迫害するために、弘安二年九月、訴状を提出して日秀・日辨を告訴した。その中に「今月二十一日、数多の人勢を率い、弓箭を帯びて院主の房に乱入し、下野房(日秀)は馬に乗り、熱原の百姓紀の次郎男は高札を立て、田地の作物を刈取って日秀の住房に運ばせ、盗みを働いた」と訴えている(『滝泉寺之申状』続集)。そのために、日辨の父だと伝えられる熱原の郷士神《じん》四郎国重は、その地方の信徒の中堅であったので、同罪として捕えられ、皆鎌倉へ送られた。行智の告訴に対して日秀・日辨の二人は日興の指導で申状の案を作り、これを身延に送って日蓮の指図を仰いだ。その中で行智の訴状が無実の讒構であることを陳《の》べ、更に進んで行智が魚獣を捕えて別当の房で食したことや、寺僧が熱原の百姓を殺害したことなど、その不法乱行を反訴している。日蓮は十月十二日に添削した草案を返すと共に、問注の時に行智の非行を強く陳述するようにとの注意を書送った（『伯耆殿御返事』続集）。けれどもこの申状は問注に間に合わなかったらしく、神四郎らは十月十五日に処刑されてしまった（『変毒為薬御書』続集）。伝説によると、その処刑は惨酷を極め、平頼綱は神四郎等三人を木に縛り上げ、念仏を唱えよというと、彼らが題目を唱えるので、その度毎に頼綱の子息飯沼判官は蟇目《ひきめ》の箭を射、七筋に及んで遂に三人は呼吸《いき》絶えたという。この悲報を受けて日蓮は更に日興らを策励し、再び申状を提出して日辨等の寃《えん》を雪《そそ》がせようとしたので、平頼綱も日蓮門下の強い覚悟を見て、熱原の百姓惨殺だけで手を引いてしまった。弘安三年になると蒙古が再び来襲するらしいという噂が伝わり、また問注所執事太田康連の親縁である金吾入道乗明が執権へ取りなしたりしたので、頼綱等も日蓮信徒の迫害を断念したのであろう。

池上氏への圧迫

またこの間に檀方の有力者である池上氏へも圧迫の手が延びて来た。池上大夫《たゆう》志宗《さかん》仲と弟の兵衛志宗長は、日蓮の立宗間もなく帰依して、法華経信者になっていたが、父の左衛門大夫康光は良観房の信者であった。信仰を異にする父子の関係も文永十一年までは何事もなかったが、蒙古の入寇で日蓮の予言的中が世間の注目を惹き、その教勢が伸びようとする形勢になって来たので、良観房側は北条氏の家臣の信者に圧迫を加え始め、さきの四条金吾頼基につづいて、幕府の大番匠であった池上康光に圧力を加えて来た。文永十二年の始め、康光は嫡男の大夫志宗仲に改宗を迫ったが、宗仲は聴入れず、却って父に法華経を信ずるように勧めたので、父子の間柄は爆発し、宗仲は勘当の身となった。弟兵衛志宗長はその間にあって和解に骨を折り、日蓮からも「此より後もいかなる事ありとも、少しもたゆむ事なかれ。いよ〳〵はりあげてせむべし」(『兵衛志殿御返事』)と激励されて、父の説得につとめさせた。それから一年余、父の心も大分和らいだらしく、建治三年には将軍か執権の仲裁で、兄の勘当を許し(『四条金吾御書』。『遺文録』の建治四年は建治三年に改む)、九月以前には二子の信仰に同意するようになった(『兵衛志殿御書』)。

ところが一旦改宗したように見えた父左衛門大夫は、十一月頃には再び子息等の日蓮信仰に反対し始め、今度も宗仲があくまで屈しないので再び勘当し、跡目相続を取上げて弟宗長に譲与した。温和な宗長は大いに迷い、父に服従する気色が見えた。そして贈物と共に日蓮にその煩悶を訴えた。日蓮は十一月二十日に返事を送り、「子は父に随い、臣は君にかない、弟子は師に違わずということは、世間周知の道理であるけれども、師と主と親に随わないで、悪い事を諫めれば、それが孝養である」と教え、「法華経の敵になる親に随って、一乗の行者なる兄を捨てるならば、親への孝養となろうか。詮ずる所、一筋に思い切って、兄と同じく仏道を成《じよう》じ給え」(『兵衛志殿御返事』。『遺文録』の建治元年は建治三年に改む)と督責した。この策励を受けて、宗長も兄と心を合わせて法華経の信仰を父にすすめたので、また外部からの圧迫も弛んだ故か、翌弘安元年には父も遂に兄弟の強固な信心に動かされて、法華経に改宗した。その年の冬、兄弟が銭六貫文と小袖一領を身延に贈った。その礼状には、「何よりも衛門大夫の志(宗仲)と殿(宗長)との御事、父の御中と申し、上の覚えと申し、面《めん》にあらずば申し尽しがたし」と大きな喜びを述べている。父康光は翌弘安二年に死去したが、池上一家は法華信者となり、その家が大番匠であったので、先には鎌倉妙本寺の建立にも力を致し、また自邸の近くに池上本門寺を建立し、日朗を助けて相武地方の布教に力を添えた。

旧師道善房の逝去

最後に日蓮の旧師道善房の逝去と『報恩鈔』の述作について述べなければならない。道善房は日蓮の再三の諫暁《かんぎょう》にも、心弱くて遂に改宗し得なかったが、日蓮はいつも旧師の身の上を心にかけ、文永八年十月、佐渡へ赴く途中、清澄《きよすみ》山の先輩義浄・浄顕に告別の辞を送って恩師への伝言を頼み(『佐渡御勘気鈔』)、身延入山後も建治二年正月に、日向《にこう》（佐渡公）と助《すけの》阿闍梨とを使として、既往の追懐と報恩の情を寄せている（『清澄寺大衆中』）。その道善房も建治二年三月十六日に逝去して、浄顕がその跡を継いだ。この報を受けた日蓮は、旧師への追善供養のため、約三ヵ月後に『報恩鈔』という上下二巻に及ぶ大作を著わして、浄顕とその法弟義浄に宛てて送った。

冒頭に、「夫れ老狐は塚をあとにせず、白亀は毛宝が恩を報ず。畜生すらかくのごとし。況や人倫をや。……いかに況や、仏教を習はん者、父母・師匠・国の恩を忘るべしや。此の大恩を報ぜんには、必ず仏法を習ひ極め、智者とならで叶ふべきか」と、報恩の真意を述べ、進んで諸宗の邪正を検討批判し、日蓮の法華経の行者としての行迹《ぎょうせき》を顧み、終りに本門ノ本尊・本門ノ戒壇・本門ノ題目の三大秘法を説き、最後に日蓮が現在未来に亘る大功徳を述べて、「されば花は根にかへり、真味は土にとどまる。この功徳は故道善房の聖霊の御身にあつまるべし。南無妙法蓮華経、南無妙法蓮華経」と結んでいる。『報恩鈔』の送状を見ると、房総出身の弟子日向を使者としてこの書を清澄山に送致し、嵩ヶ《かさ》森の頂で二―三遍、道善房の墓前で一遍、日向にこれを朗読させるように記している。これはその通り実行された。弘安元年、道善房の三周忌には浄顕・義浄の両人に消息を送り、「日蓮、法華経の行者となって、善悪につけて、日蓮房、日蓮房とうたはるゝ、此御恩さながら故師匠道善房の故にあらずや。日蓮は草木の如く、師匠は大地の如し。……日蓮が法華経を弘むる功徳は、必ず道善房の身に帰すべし。あらたうと、あらたうと」と、正法弘通の功徳を以て、師恩に報いようとの真心を吐露している。

第七　元寇と入滅

一　蒙古の再度来襲

蒙古は文永十一年(一二七四)の来襲のときは、艦船の脆弱《ぜいじゃく》のために敗退したが、大帝国の面目の上からも、日本征服の方針は変えなかった。幕府も再度の来襲を予期し、前役の苦《にが》い経験に鑑みて、敵兵の上陸を防ぐために、博多湾沿岸一帯に石塁を築いた。

時宗元使を竜ノ口に斬る

文永の役の翌年、建治元年二月、世祖忽必烈は杜世忠・何文著《かぶんちょ》らを宣諭使として我が国に遣わした。一行は四月十五日に長門の国室津に着いたが、執権時宗は大宰府に命じて、八月に杜世忠ら五人を鎌倉に護送させ、永く覬覦《きゆ》を絶ち、侵攻を諦めさせるために、九月七日竜ノ口で斬首・梟木《きょうぼく》した。日蓮はこれを聞いて、日本国の敵である念仏・真言・禅・律等の法師を斬らずに、科《とが》もない蒙古の使の頸を刎ねたことは不憫《ふびん》であるといい、愈々国の滅亡の迫ったことを予見している（『蒙古使御書』）。

高麗征伐の計画

十一月幕府は北条実政を九州に下向させ、同宗頼を長門守護として、それぞれ近国の御家人《ごけにん》を統率させ、更に翌二年三月には高麗征討の軍勢を催した。この異国征討の計画が発表されると、九州の地頭・御家人《ごけにん》は奮って参加を申込み、肥後の国の御家人井芹秀重の如きは、自身は八十五歳の高齢で歩行出来ないが、子・孫・親類を出して忠勤を励ませようといい、北山室の地頭尼真阿は、子息と聟を参加させたいと申出ている。これ程御家人の士気を盛り上げた外征計画も、軍備の調わなかったためか、或は兵力の分散を懸念したためか、遂に実現されなかった。

蒙古、再度来攻の準備を進む

一方、蒙古は建治元年（一二七五）、宋の都臨安（今の杭州）を陥れて国号を元と改めたが、海戦に長じていた宋の降将范文虎《はんぶんこ》等を顧問とし、水軍を充実して日本侵攻の計画を進めた。弘安二年、范文虎は周福・欒忠《らんちゅう》に書を携えて我が国に遣わして、蒙古と通好するように説かせたが、七月二十九日、幕府は使者を博多で斬らせた。そこで世祖忽必烈は、翌三年の夏、高麗王を加えて、洪茶丘・忻都《きんと》・范文虎の諸将と会議を開き、征東行中書省を置いて、愈〻日本遠征の方策を立て、洪茶丘・忻都は蒙古・高麗・江北の兵四万を率いて合浦《がっぽ》を出発し、范文虎は江南の兵十万を率いて江南を出発し、両軍は壱岐の島で合流して一挙に大宰府を陥れ、九州全土を占領しようと、ほぼ部署を定めた。敵軍の兵力は文永の時の五倍である。

朝幕の蒙古調伏祈禱

朝廷では亀山上皇が石清水八幡宮へ参籠して、蒙古調伏を祈願され、攘災の修法なども年々行われてきたが、弘安三年十二月八日には、執権時宗の名で、「明年四月、蒙古が大挙来寇するから、早く厳重に用心せよ。防護の守護・御家人等は、私情の不和を抛《なげう》って天下の大難に当り、親疎を論ぜず、忠否を注進し、賞罰を厳にして防戦の忠を致せ」という緊急布告が出る程、事態が切迫してきたので、朝廷も幕府も伊勢大神宮をはじめ、諸社・諸寺に蒙古調伏の祈禱を催された。

日蓮烈しく真言宗を破折す

このように朝野のすべてが、未曾有の国難の到来に動揺している間に、日蓮はどういう態度を示したであろうか。文永の役の後も日蓮は、若し為政者が邪法の信仰をそのまま続けるならば、蒙古は必ず来襲して、謗法に堕《お》ちた日本国を滅ぼすという信念を改めず、邪法の代表として真言宗を挙げ、真言の祈禱に耽って、法華経の行者《ぎょうじゃ》を無視するならば、国の滅亡すること必定《ひつじょう》であると、弘安元年の『本尊問答鈔』に次のように述べている。

真言宗というのは、全く大妄語《もうご》の宗であるが、深くその根源をかくしているので、浅機の人は中々見あらわし難い。一向に誑惑《おうわく》されてここ数年を過ごしてきた。……漢土にも知る人がなく、日本でも怪しまずに、既に四百余年を送ってきたのである。このように仏法の邪正が乱れたので、王法も漸く尽きてしまった。結局、この国は他国に破られて、亡国になってしまう。この事を日蓮ひとり勘《かんが》えて知ったから、仏法のため、王法のため、諸経の要文を集めて一巻の書を造り、故最明寺入道殿（頼時）に奉ったのである。『立正安国論』と名付けた。……このような大悪法は年を経るにつれて次第に関東にも伝わり、（真言僧が）諸堂の別当供僧となって、しきりに之を行うようになった。本より辺域の武士のこととて、教法の邪正が分らず、只三宝は崇むべきものとばかり思っているので、自然にこの悪法を信奉して年月を経る間に、今他国の来寇を蒙って、この国は最早亡びようとしている。……今度は第三度目である（第一は寿永 第二は承久）。日蓮の諫めを用いないで、真言の悪法を以て大蒙古を調伏《ちょうぶく》なされば、還って日本国が調伏せられよう。

文永の役の時も、真言僧の僧正・法印が調伏を行えば、百日かかる戦も十日につまり、十日かかる戦も一日で攻め滅ぼされてしまうであろうと述べて（『曽谷入道殿御書』）真言宗を破折《はしやく》した。これに関連して考うべきことは、「念仏無間、禅天魔、真言亡国、律国賊」という四大格言が、今まで一般に考えられてきたように、固定した成句になっていないということで、時期によって破折の対象が変ってきている。文応・弘長の初めは念仏の破折を主として時々禅宗に及び、文永、特に佐渡以前は律宗を目標とし、文永十一年の蒙古入寇以後は、大体、真言宗破折が主となっている。そして四大格言の形も、念仏亡国・律天魔としたのもあり（『上野殿御返事』文永十一年十一月十一日）、念仏無間・真言亡国・律天魔としたのもあり（『妙法比丘尼御返事』弘安元年九月六日）、順序にしても真言亡国・念仏無間・禅天魔・律国賊としたのもあって（『諫暁八幡鈔』弘安三年十二月）、必ずしも一定していない。

さて蒙古の軍勢が来年夏を期して、大挙侵攻して来るという警報がひびき渡っている折も折、弘安三年十一月十四日夜半に、鶴ヶ岡八幡宮に火災が起り、上下の宮が尽く炎上した。九月に筑前の筥崎宮が焼け、十月二十八日には頼朝の墓所と義時・時房の墓所が焼けて間もないのに、またこの不祥事である。日蓮はこれについて、八幡大菩薩が日本国に正直の人がない故に、宮を焼いて天に上ったのであると解釈し(『四条金吾許御文』弘安三年十二月十六日)、それと同時に、八幡大菩薩に諫言を奉る意味で、『諫暁八幡鈔』を著わした。即ち、八幡大菩薩は、その昔、霊鷲山《りょうじゅせん》の法華経の会座《えざ》で、法華経の行者を守護すべき起請を書きながら、ここ数年の間、日蓮を迫害する為政者を罰せずに、却って守護を加えているその科《とが》によって、梵天・帝釈《たいしゃく》等の罰を蒙ったのであろうか。去る文永十一年に大蒙古が来襲して、日本国の兵が数多く殺害された上、筥崎宮の宮殿も焼かれたのに、何故、かの国の軍勢を罰しなかったのか。するとかの国の国王の方が勝れていることが明らかである。けれども翻って思えば、八幡大菩薩の本地は釈迦如来であって、月氏《げっし》国に出現しては正直捨方便《しゃほうべん》の法華経を説き給い、垂迹《すいじゃく》は日本国に生れて、正直の頂《こうべ》に宿らせ給う。

それならば、この大菩薩が今宝殿を焼いて天に上られても、法華経の行者が日本国に居るならば、そこに栖《す》み給うであろう。法華経の経文によれば、南無妙法蓮華経と唱える人を、大梵天・帝釈・日月・四天王等は昼夜に守護するはずであると。未曽有の国難を目前にして、日蓮は法華経の行者たる自分の頭には必ず八幡大菩薩が宿っており、梵天・帝釈等は昼夜に守護するものとの信念を明らかにしている。

蒙古の来襲（弘安の役）

愈〻弘安四年になった。蒙古・高麗連合の東路軍は、五月に合浦を発して対馬・壱岐を侵し、江南軍の到着を待たずに、六月の初めに進んで博多湾に入り、志賀の島を占領しようとしたが、石塁のために上陸することが出来ず、大矢野種保・種村の兄弟、河野通時・通有の叔姪等の善戦に逢って、多くの死傷者を出したので、肥前の鷹島に退避し、ここで江南軍の到着するのを待った。江南軍は期日に後れて慶元（寧波）を出発し、六月の末、東路軍と平戸島で合流し、七月二十七日、全軍こぞって鷹島に移り、博多湾に入り、大宰府を侵そうとしたが、七月二十九日の夜半から翌閏七月一日の払暁にかけて、北九州を襲った大暴風雨のために敵の艦船は又もや多数覆没し、忻都・洪茶丘・范文虎等は残余の艦船を率いて合浦に遁げ帰った。我が将士は風の衰えるのを待って、鷹島を攻め、敗残の敵兵二千余人を捕虜とした。四千余の敵船の残存したもの僅かに二百、十五万の軍兵の還ったもの漸く五分の一にも足らなかったという。これが弘安の役である。

さて蒙古が再度来襲し、しかも前役と同様に暴風雨に逢って敗退した現実を見て、日蓮がどのようなことをいい、どんな態度をとったかは、大いに興味あることである。蒙古が再度来襲したことは、弘安元年に「日蓮が諫めを用いずに、真言の悪法を以て大蒙古を調伏すれば、日本国が還って調伏せられよう」(『本尊問答鈔』)といった言葉が的中したわけであるが、一旦、蒙古が再寇すれば「此国は今の壱岐・対馬の如くなろう」(『聖人知三世事』建治元年)とか、「彼国より押し寄せれば、蛇の口の蟆《がま》、庖丁師の俎の上にのった鯉・鮒のようになろう」（『上野殿御返事』弘安三年）とか、「或は射殺、斬殺、或は生捕り、或は他方へ虜送され、数千万の人々が縄につながれて責められる」（『智妙房御返事』弘安三年十二月）とかいった予言は、蒙古の大軍の敗退によって見事外《はず》れてしまったわけである。

蒙古が愈〻対馬・壱岐から博多湾に進攻して来たという報知を受けた日蓮は、六月十六日『小蒙古御書』と呼ばれる一文を書いて、門人一同に廻状として廻わさせた。その文は

小蒙古の人、大日本国に寄せ来るの事、我が門弟並に檀那等の中に、若し他人に向ひても、将た又、自らにも言語に及ぶべからず。若し此旨に違背せば、門弟を離す（破門）べき等の由、存知する所也。此旨を以て人々に示すべく候也。

というのであった。蒙古の来襲のことについては沈黙を守れと、門弟・信徒を戒めているのである。このことは甚だ奇怪なことで、来襲のあるまでは身命を賭し

て警告を発していたのに、いざ来襲に直面すると門人達に何事もいうなと戒めたのであるから、その真意は把捉し難い。ただ今までは「大蒙古国」といい慣わしていたのを、単に「小蒙古の人」といい、「辺国」とか「小島」といって来た日本を、特に「大日本国」と呼んでいるところを見ると、戦況の不利を予想しつつ、たとえ対馬・壱岐のような惨害を蒙っても、上行菩薩たる日蓮があるからには、一時の破滅は邪法を斥けて正法を興す転機であるということを、宣言しようとしていたのではなかろうか。それが予期に反して、再び暴風雨の襲来で、蒙古軍が敗退してしまい、今までの予言に矛盾を来して解釈がつかなくなった故か、その後は蒙古についての予言を全く述べていない。

弘安の役に対する日蓮の態度

西海の捷報が鎌倉に届くと、富木《とき》入道胤継は身延に書面を送り、「鎮西には大風が吹起って、浦々島々に破損の船が充満した」ことや、京都では西大寺の思円房叡尊が、亀山上皇の御沙汰で尊勝陀羅尼法を修したので、蒙古退治が出来たという風説があるのを伝え、それについての日蓮の意見を尋ねて来た。日蓮はそれに対して十月二十二日に返書を送り、思円房云々《うんぬん》の風説はそんな道理はないと斥け、日蓮を失わんがために虚構を作り出したのであるといい、「秋風に纔かの水が出て、敵船・賊船などが破損したものを、大将軍を生捕ったなどといい、祈禱が成就したようにいっているようである。又、蒙古の大王の頸が届いたかどうかと問い訊《ただ》しなさい。その外はどんなことをいって来ても、御返事なさってはなりません」（『富城入道殿御返事』）と答えている。こうなっては意地を張っているようで、弟子達も惑わざるを得なかったであろう。

抑ゝ日蓮の予言の中で、法華経行者の受難のことは法華経の経文に基いているが、種々の天変地夭や自界叛逆《ほんぎゃく》・他国侵逼《しんぴつ》の二難のことは大集経《だいじつ》・金光明経等を引証しているのである。日蓮が法華経を弘通《ぐつう》したために、数々の大難・小難を受けたことは、法華経勧持品《ほん》等の経文によって一応は会通《えつう》出来るであろうが、自界叛逆・他国侵逼の二難が起っても、それが法華経を信ぜずに、念仏・禅・真言等を信じた結果であるという立証は、経文によっても出来ないし、また道理上も不可能である。日蓮が法華経を釈尊の真実の教法と信じ、この正法を日本全国に弘通し、世間・出世間に亘って正法の信仰に帰一させることによって、仏国土を日本に実現させようとする理想を懐《いだ》いたことは諒解出来るけれども、法華経を弘通するのに予言という方法をとり、迫害を受けることが法華経中の仏の予讖《よしん》を如実に実践したことであるとし、法華経とは本質的に何の関係もない天変地夭・内乱・外寇を大問題として、それが法華経を信じない謗法の結果であると解釈するに至っては、宗教の正道を逸脱したものと言わざるを得ない。予言が的中したとか、的中しなかったとかは、宗教の本質とは何の関連もないのである。日蓮はその点を混同して、予言の的中が自身の法門の正法たる所以を立証するものと確信していたから、第二回の蒙古の来襲で今までの予言が外《はず》れ、日本が滅亡せずに国難を免れると、弁明が出来なくなり、自らも口を緘《かん》し、門人にも沈黙を守るように言わざるを得なくなったのであろう。

二　出山入寂

宿痾に悩む

建治三年から弘安元年にかけて世間には疫癘《えきれい》が流行し、日蓮も亦、慢性の下痢に悩んでいたが、医薬に通じた四条金吾頼基の進めた薬で、半年後の弘安元年六月には幾分快方に向った（『兵衛志殿御返事』『中務左衛門尉殿御返事』）。ところがその年の冬は異常な寒さで、持病が再発したが、四条金吾が身延を訪れて薬を進め、小袖を贈って治病につとめたので効験があって、「所労《しょろう》平愈し、本よりもいさぎよくなり」、「今度の命たすかり候は、偏に釈迦仏の貴辺の身に入り替らせ給ひて、御たすけ候か」と感謝の意を述べている（『四条金吾殿御返事』弘安元年閏十月二十二日）。それから一ヵ月程すると、寒さのためにまた起りがちになった（『兵衛志殿御返事』弘安元年十一月二十九日）。弘安二年・三年の間はそれでもさして病状の進展はなかったようであるが、弘安四年になると、春から胃潰瘍の症状が顕著になってきたらしい。五月二十六日に池上兄弟に宛てた消息に、「この法門を申すことすでに二十九年である。日々の論義、月々の難、両度の流罪で身体はつかれ、心が傷んだ故か、この七―八年の間は年々衰病はおこってもその都度なおっていたが、今年は正月からその症状が現われて、生涯も終りになろう。その上、齢も既に満六十になった。たとえ万一今年は生き長らえても、一―二年も延びることはむずかしい」（『八幡宮造営事』続集）といって、死期の近づいたことを予感している。日蓮はもともと身体は頑健の方であったが、数々の迫害を受けた間に、中でも、佐渡の塚原三昧堂に於ける七ヵ月余りの飢寒で、可成り健康を損ったようである。それに身延の山中は、寒気が厳しい上に、衣食の資が十分でなかったので、老齢でしかも宿痾《しゅくあ》になやむ肉体は、到底山中のきびしい生活に堪えなかったのであろう。

しかしその間にも日蓮の心を慰めることはあった。門人・信徒の身延に集るものは次第に数を増し、少ない時でも四十人、多い時は六十人という有様であったので、どうしても広い堂を建てなければならなくなり、富木《とき》入道胤継の寄進や波木井《はきり》実長の援助で、十間四面の法華堂が弘安四年秋に出来上った。十月二十二日、富木入道へ宛てて、「予既に六十に及び候へば、天台大師の御恩報じ奉らんと仕つり候間、みぐるしげに候房を、引繕ろひ候時に、作料に下ろして候なり。銭四貫をもちて、一閻浮提《えんぶだい》第一の法華堂造りたりと、霊山浄土《りようぜん》に御参り候はん時は、申しあげさせ給べし」と報じ、十一月二十四日に、天台大師講に併せて、その落慶供養の法会を行った(『地引御書』)。山中では珍しい法会で、「人の参ること、洛中・鎌倉の町の申酉《さるとり》の時の如く」であったという。

ところが十二月に入るときびしい寒気が襲い、「生れて已来いまだ覚えず」という有様で(『窪尼御前御返事』)、病は重るばかりであった。そこへ南条時光の母尼から米一駄・清酒一筒・ひさげ二十・藿香《かっこう》(名薬)一袋を送ってきた。その礼状の中で自身の病勢について、今年は春からこの「やせ病」が起り、秋が過ぎ冬になるにつれて日一日と衰弱をまし、この十余日は既に食事も殆んど止まり、身体は石のように冷え、胸は氷のようにつめたいといい、志の酒を暖ため、藿香を食い切って一口呑んだところ、胸に火を焚き、湯に入ったような気がし、汗で垢を洗い、雫《しずく》で足をすいだと欣びを述べている(『上野殿母尼御前御返事』)。山中の生活のみじめさと、病状の一端が覗《うかが》われる。

湯治のため身延を出山す

弘安四年の冬が過ぎ、身延の深山にも春のおとずれが来ると、流石《さすが》に日蓮も、「春の初めの御悦び、木に花の咲くが如く、山に草の生《おい》出づるがごとし」と、新春の悦びを寿《ことほ》いでいる。そして二月に南条時光が大患にかかると、自身の病を忘れたかのようにその恢復を祈り、『法華証明鈔《しょうみょう》』を書き与えて、成仏《じょうぶつ》の間違いないことを証明してやっている。

かくして山に入ってからの九年目の弘安五年も、春が過ぎ夏も往き、身延の山中は秋冷身に泌む九月となった。この年の冬は到底山中で送れない病状であり、自らも死期を予知したためか、常陸の温泉で療養するという名目で山を出ることになった。その時の心情は、「釈迦仏は天竺の霊山《りょうぜん》に在って八ヵ年法華経を説かれた。けれども御入滅は霊山から東北に当る東《とう》天竺倶尸那《くしな》城の跋提《ばつだい》河の純陀《じゅんだ》の家であった」（『波木井殿御書』弘安五年十月七日）と述べているように、釈尊が霊鷲山を出て、倶尸那城の信者純陀の家で入滅したという故事に倣《なら》おうとしたものかも知れない。波木井実長は良馬を奉り、子息実継や郎等《ろうどう》に警固を命じ、門人数人が附き随って、九月八日思い出深い身延の山を後《あと》にした。

身延入山の際は富士山の南を通る駿州路を来たのを、今度は富士山の北を廻る甲州路をとり、八日の夜は下山《しもやま》の兵衛四郎の家、九日は日興の縁つづきである鰍《かじか》沢《さわ》の大井荘司が館、十日は甲州盆地の南辺をたどって曽根、十一日は黒駒、十二日は御坂峠の険を越えて河口湖畔の河口、十三日は富士の麓を辿って吉田の下に当る呉地《くれぢ》、十四日は山中湖畔から三国峠と明神峠の難路を越えて、足柄の西麓の竹ノ下、十五日は相模の関本、十六日は平塚の長谷川邸、十七日は武相の間を流れる境川の東岸、瀬谷《せや》に泊り、十八日に武蔵の国荏原郡千束《せんぞく》郷池上の、右衛門大夫志宗《さかん》仲の邸に入った。

翌十九日に実継等が帰るのに托して、波木井実長に書簡を送った。

畏って申上げます。道のほどは別の事もなく、池上まで着きました。道の間、山といい河といい、相当難路でありましたが、公達《きんだち》に守護されて、困難もなくこれまで着きました。恐縮に存じながら悦ばしく思います。さて、間もなく帰り戻るつもりの旅でありますが、病身のことですから、もしものこともありましょう。しかしながら、日本中で邪魔者扱いされた私に、九年の間御帰依なされた御志、言葉には尽されません。どこで死にましても、墓は身延の沢に造って頂きたく思います。また栗鹿毛《かげ》の御馬は余りに可愛らしく思われましたから、いつまでも失いたくありません。常陸の湯へも引かせて行きたいのですが、若し人にでも取られてはと思い、又その外いたわしく思われますので、湯から帰るまで、上総の藻原殿の許《もと》に預けて置くことに致しました。知らない舎人《とねり》をつけては気がかりなので、湯から戻って来るまで、この舎人をつけて（藻原殿に）預けて置こうと思います。その事を御承知下さるよう願います。恐々謹言。

九月十九日　　　　日蓮

進上　波木井殿　御侍

病気のため、書き判を加えないことを御許し下さい。

池上に留る

この消息から推察すると、常陸の温泉（下野那須か、或は塩原の温泉か）へ行って病を養うつもりで池上まで来たが、最早、再び起つ能わざるを予知して、釈尊の行跡に倣い、池上宗仲を純陀になぞらえて、その邸で生涯を閉じようと考えたものらしい。十月七日に波木井実長其外の人々に宛てた日蓮最後の消息に、釈尊が入滅したときは八ヵ年法華経を説かれた霊鷲山《りょうじゅせん》を出て、艮《うしとら》（北東）に当る倶尸那《くしな》城の純陀の家であったが、墓は八ヵ年法華経を説いた山であるからとて、霊鷲山に立てさせられたと述べ、「されば日蓮も、是の如く身延山より艮に当りて、武蔵の国池上右衛門大夫宗長（宗仲の誤か）が家にして死ぬべく候か。縦《たと》ひ、いづくにて死に候とも、九箇年の間心安く法華経を読誦し奉り候山なれば、墓をば身延山に立てさせ給へ。未来際《みらいさい》までも心は身延山に住むべく候」と言い送っていることからも、その間の心情は推測出来る。

病あらたまる

さて池上の邸に着いてから病症は愈々重り、床につく身となって湯治に行くことは出来なくなり、鎌倉はじめ各地から弟子・檀那が見舞に馳せつけた。伝説によるとここに着いてから七日過ぎた九月二十五日に、参集した弟子・檀那に『立正安国論』を講じたという。それから十月八日になって、祐筆（書記役）のように侍

本弟子六人を定む

していた日興に執筆させて、次のように本弟子六人を定めている。

定　弟子六人事　次第不同

一　蓮華房　日持
一　伊予公　日頂
一　佐渡公　日《に》向《こう》
一　白蓮房　日興
一　大国阿闍梨　日朗
一　辨阿闍梨　日昭

右六人者本弟子也。仍《て》為《に》二向後《きょうごの》一一定《むること》如レ件《の》。

弘安五年十月八日　執筆　日興

十月十日には弟子檀那に御遺物《おかたみ》わけがあり、十一日に幼少の門人平賀経一丸《きょういちまる》(後の日像)に京都の布教を遺命し、十二日の夕から枕頭に自筆の大曼荼羅《まんだら》を掛けさせ、

大坊　本行寺

（池上宗仲邸跡，日蓮入滅の地，東京都大田区）

十三日の朝卯《う》の刻に、池上宗仲夫妻は鎌倉から夜を徹して帰って来て枕頭に詰め、同日辰《たつ》の刻に日蓮は弟子達と共に法華経を読誦《どくじゅ》しながら、六十一歳を一期《ご》として入寂した。

十五日子《ね》の刻に遺骸を荼毘《だび》に附し、十六日遺骨を収めて宝瓶に入れ、弟子・檀那は、一七日を過ぎた二十一日に、これを遺言通り身延に葬るために池上を出発した。その日は依智《えち》に近い相模の飯田に宿し、翌二十二日は箱根湯本、それから箱根を越え

遺言により身延に埋葬す

て二十三日は車返《くるまがえし》、二十四日は上野の南条一族の家に泊り、二十五日に身延に到着した。弟子の日法は御影《みえい》（肖像）を彫刻して、七七日に御影堂に安置し、遺骨は百ヵ日に当る翌年正月二十三日に造られた廟所に納められ、六上足《じょうそく》と十二中老が一月毎の輪番を定めて監守に当った。六上足は一月一人、中老は一月二人であったという。また四条金吾頼基は有髪の出家となり、廟所の傍に廬《いほり》を構えて二十年の余生を墓守に奉仕した。

立正大師の諡号を賜わる

滅後七十六年の延文三年（一三五八）、後光厳天皇は日蓮大菩薩の宸翰を賜わり、享保五年（一七二〇）にも霊元法皇が重ねて大菩薩号の宸翰を身延山に寄せられたが、大正十一年（一九二二）に至って立正大師の諡号を賜わった。

後語

日蓮の寂後、身延山の廟所は弟子日昭・日朗・日興・日向《にこう》・日頂・日持の六老僧が輪番で護ることになったが、弘安八年に日向が当番の時、波木井《はきり》実長は輪番の制を止めて日向をして永く止住せしめようとしたところ、日昭・日朗らがその議を容認したのに対して、日興だけは日蓮の遺命に背くといって従わず、遂に身延山を離れて、富士山麓に大石《だいせき》寺・本門寺を創立した。これが日蓮宗分派の始めである。

身延山久遠《くおん》寺は日向（一二五三—一三一四）が第二世となって以後、十一世日朝（一四二二—一五〇〇）の時大いに一山の経営に努力し規模を拡大したので、日蓮の再来と称せられ、身延山は盛んになった。

日朗門下

日朗（一二四三—一三二〇）は日蓮の遺託を受けて鎌倉妙本寺・池上本門寺に住し、門下に九老僧を出してその法系は栄えるが、その中で日像（一二六九—一三四二）は永仁五年（一二九七）、京都において初めて題目を唱え、法華宗と称して教化を布き、屢〻迫害を蒙ったが、遂に元亨元年（一三二一）、勅によって竜華院妙顕寺を建てた。日輪は日朗の後を継いで本門・妙本の二寺に住し、東西相呼応して大いに宗勢を拡げた。

日興の勝劣義

さきに日向の身延山止住に反対して駿河に大石・本門の二寺を創立した日興（一二四五—一三三三）は、また「本勝迹劣義《ほんしょうしゃくれつぎ》」を主張して、他の上足の本迹一致説に反対した。本勝迹劣義とは、法華経一部の中で本門（二十八品の中で後半の十四品）は勝《すぐ》れ、迹門《しゃくもん》（前半の十四品）は劣っていると見る説で、両者の価値を平等に見るのが本迹一致説である。この本勝迹劣・本迹一致の論争は、その後日朗の法系にも波及し、日朗門下の日印とその弟子日静は勝劣義をとり、日印は越後に本成寺を建て、日静は足利尊氏の招きを受けて入京し、貞和元年（一三四五）鎌倉本圀寺を京都に移した。

勝劣義の三派

勝劣義を立てる派は、後に妙満寺派（顕本法華宗）・八品《はっぽん》派（本門法華宗）・本成寺派（法華宗）の三派に分れる。妙満寺派は日蓮の弟子日常の法系の日什（一三一四—一三九二）を祖とする。日什は日興・日印の後を受けて盛んに本勝迹劣を主張し、永徳元年（一三八一）『治国策』を著わして、『立正安国論』と共に後円融天皇に上《たてまつ》り、同三年京都に妙満寺を建てた。八品派は日朗系統の日隆（一三八五—一四六四）を祖とする。日隆は京都に本能寺、尼ヶ崎に本興寺を建て、勝劣義を主張したのであるが、その勝劣義は本門十四品の中でも涌出《ゆじゆつ》品から嘱累《ぞくるい》品までの八品を法華経の究極の説とするので、その流派を八品派と称するのである。本成寺派は日朗法孫の日静に師事した日陣（一三三九—一四一九）の開くところで、日陣は応永十三年（一四〇六）に京都に本禅寺を建てた。

日蓮宗の法難

身延山の日朝と同時頃、中山法華経寺に日祝・日親の傑僧があり、日祝（一四二七—一五一三）は京都に来て頂妙寺を建て、管領細川氏の帰依を得、日親（一四〇七—一四八八）は『立正治国論』を著わして足利義教に上進し、その忌憚に触れて屢〻投獄され、惨刑を受けて鐺冠《なべかぶり》上人と呼ばれたが、本法寺など三十六ヵ寺を建て、山陽・九州・北陸にまで行化《ぎょうけ》した。しかし日蓮宗が勢力を得ると他宗との衝突が起り、応永元年（一三九四）比叡山から法華宗という宗名を用いることを停止《ちょうじ》するよう訴えられ、天文四年（一五三五）には対決があった程である。又、天文元年には真宗と抗争し、翌二年には京都山科の本願寺を攻めてこれを焼払った。天文五年、叡山・三井・本願寺は連合し、近江の佐々木義実等の武将の協力を得て日蓮宗徒を攻め、京都の二十一ヵ寺が焼かれ、宗徒の多くは戦死し、残党は和泉の堺に難を逃れた。足利幕府は再興を禁止したが、天文十一年に諸山再興の綸旨を賜わってから、漸次復興するようになった。

天正七年（一五七九）安土《あずち》の宗論《しゅうろん》で一時迫害を受けたが、一般に武将の帰依を受けて京阪地方に栄え、文禄の頃に本圀寺日禎は加藤清正らに尊信されて大いに寺門を張るに至った。そして長年沈滞していた関東の宗勢も盛んになり、関東・関西の各地に談林（談論の林の意で、僧徒の学場をいう）が起って教学の振興を見、天台三大部が盛んに講ぜられた。談林の学風が開祖日蓮の教学の研究を主としないで、天台宗の教籍の講究にあったのは、織田信長の叡山焼打で逃れた天台宗の学者が、多く日蓮宗に転宗したためである。

不受不施義

このように日蓮宗の学問が天台教学の講究にあった間に、漸く宗祖の事蹟を顧みる者が現われ、その結果「不受不施義」を唱えるようになった。不受不施とは法華経を信じない謗法《ほうぼう》者からは供養を受けず、又、法を施さないということで、織田信長の圧迫に対する反動として以前から唱えるものがあったが、不受不施派

日奥

という一派を起したのは、京都妙覚寺の日奥（一五六五—一六三〇）である。日奥は文禄元年（一五九二）妙覚寺に住したが、同四年九月、豊臣秀吉が大仏殿落慶の式典として、妙法院に千僧供養を営み、天台・真言・禅・律・浄土・日蓮・時宗・真宗から各百僧を請じた時、日奥はそれに赴くことを拒絶した。そのために他の日蓮宗僧侶

から異端邪説として排撃されたので、日奥は妙覚寺を出て、丹波の小泉に隠棲した。慶長四年(一五九九)徳川家康の命で、大坂城に於て「受不施義」を唱える反対派のものと対論したが、日奥は依然として不受不施義を固執したので、家康はこれを邪説として、同五年日奥を対馬に流した。後、京都所司代板倉勝重の斡旋で赦《ゆる》され、慶長十七年(一六一二)京都に帰って来たが、その後もこの不受不施義は主張するものが絶えなかった。

本門寺日樹(—一六三〇)は関東に在ってこの義を主張し、寛永五年(一六二八)将軍秀忠の夫人浅井氏の葬礼の供養を却け、身延山衆がこれを受けたのを排撃すると、これに同調するものが出、関東諸談林には不受不施義が流行した。久遠寺第二十六代日暹《にっせん》(—一六四八)は大いに怒り、日乾・日遠等と謀り、寛永六年これを異端邪説として幕府に訴えたので、翌七年二月、大老酒井忠世は両者を邸内に招いて受・不受の義を対論させ、遂に不受派の日樹等を公命違背の罪で、日樹を信州伊奈に流した。日奥はこの時、日樹に左袒《さたん》したので、再び対馬に流罪となったが、三月に妙覚寺で寂した。それと同時に、不受不施義を唱えることは禁じられた。

それにも拘らず、不受不施義は関東・関西に跡を断たず、寛文年中に日講（一六二六—一六九八）によってまた盛んになった。寛文五年（一六六五）、幕府は特に寺領の土地及び田園が幕府の供養である旨を日講らに告げたところ、翌六年日講は『守正護国章』を著わして幕府に上《たてまつ》り、寺領・田園は世間一般の国主の仁恩であるから供養というべきではなく、幕府がこれを供養というのは誣《し》うるものであると述べたので、幕府は久遠寺第二十八代日奠の請を容れて、日講らを審問し、日講を日向の佐土原に配流した。日講は配所にあること三十三年で寂した。日講は寺領等を国主の恩田の施であって、供養ではないとの解釈を執ったので、その立義《りゅうぎ》を恩田派という。これに対して、小湊（安房）誕生寺の日明らは、幕府の下される土地・田園は悲田の施であって供養ではないとの解釈をとり、幕府の言うところに従ったので、これを悲田派という。悲田派は供養ならば受けないと唱えながら、幕府の供養を認めているので、受不施の義と同じことになり、恩田派ではこれを不受不施派に加えない。幕府では一時悲田派を許したが、元禄四年(一六九一)に至って悲田停《ちょう》止《じ》の令を下し、その徒を伊豆五島に流したので、この派は全く絶えた。

明治九年、日奥の法系は不受不施派の公称を許され、日講の法系は同十五年、不受不施講門派の別立を許された。また本迹《ほんじゃく》一致派・勝劣派は名目を改め、九年二月、一致派は単に日蓮宗と称し、勝劣派に属する顕本法華宗・本門宗・本門法華宗・法華宗・本妙法華宗の五派は別立したが、後、三十三年に本門宗(興門派)から日蓮正宗(富士派)が分れたので、勝劣派は六宗となった。

日蓮宗分派系図

＊は本節の記述に関係ある人物を示す。

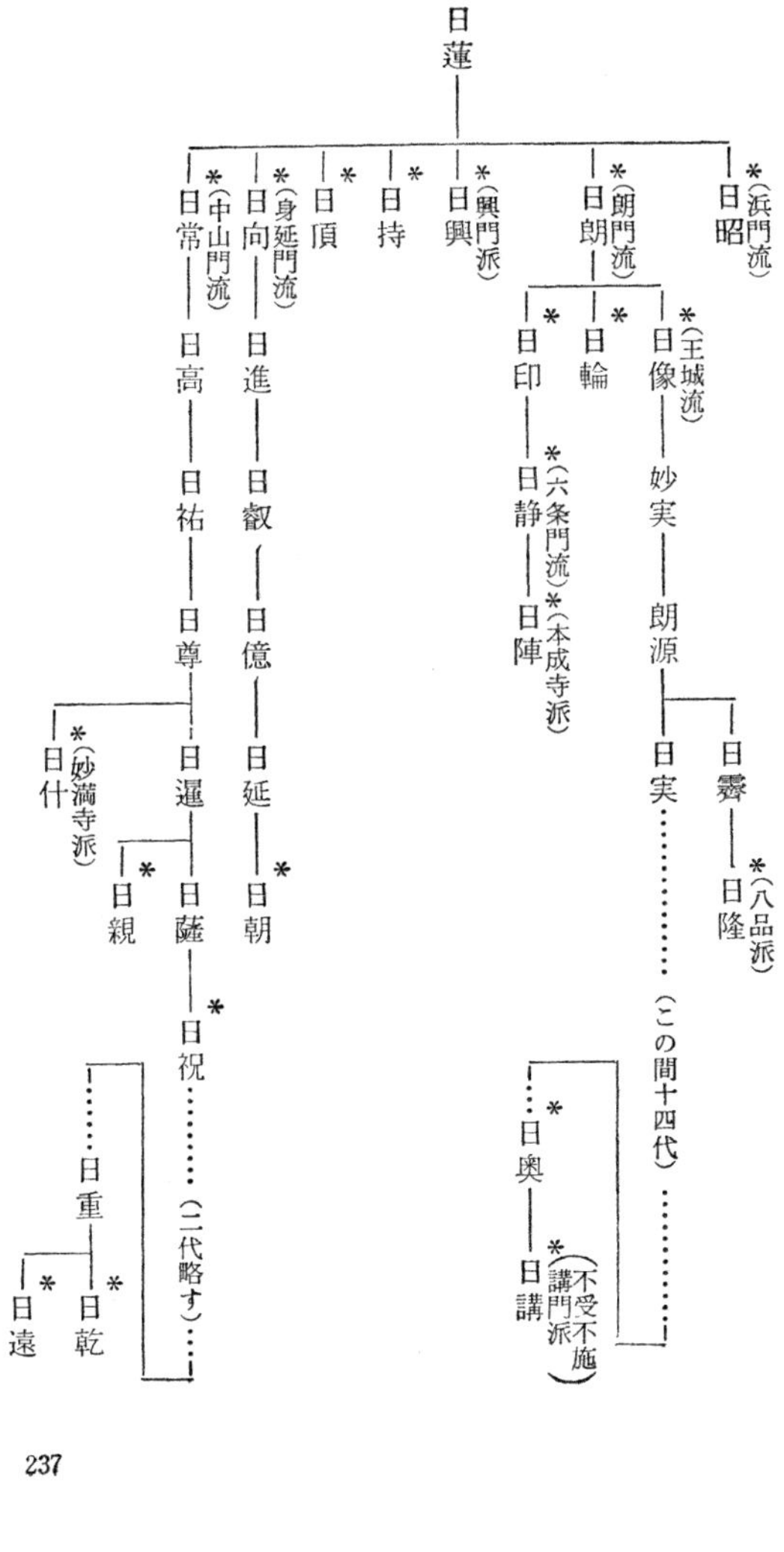

略年譜

天皇	年号	西暦	年齢	事蹟
後堀河	承久四	一二二二	一	安房国長狭郡東条郷小湊の漁家に生る　一説、父は貫名重忠
	寛喜元	一二二九	八	この頃から世間一般の信仰に従って称名念仏を始む
四条	天福元	一二三三	一二	大疑を解決するため安房清澄山に登り、道善房の門に入り、虚空蔵菩薩に「日本第一の智者となさしめ給え」と立願す
	嘉禎三	一二三七	一六	出家して是聖房蓮長となる
	延応元	一二三九	一八	鎌倉に出て、浄土宗・禅宗を研究す（後鳥羽上皇隠岐に崩ず　三浦義村頓死す）
後嵯峨	仁治三	一二四二	二一	清澄山に帰り、『戒体即身成仏義』を著わす　ついで叡山に登り、南勝房俊範に従って修学す（北条泰時卒す　順徳上皇佐渡に崩ず）
	建長三	一二五一	三〇	前年頃から諸山諸寺を歴訪し、八宗十宗の肝要を学ぶ

後深草	五	一二五三	三二	叡山を下って安房清澄寺に帰り、四月二十八日、唱題立宗す　東条景信の迫害のため清澄山を下り、小湊に父母を教化して、五月に鎌倉に入り、松葉ケ谷に庵居す　成辨律師日昭入門す
	六	一二五四	三三	日朗入門す　この頃から小町街頭で辻説法を始む。
	正嘉元	一二五七	三六	（天災地夭絶えず　八月二十三日、鎌倉に前代未聞の大地震あり）
	二	一二五八	三七	駿河国岩本の実相寺にて一切経を閲読す
亀山	文応元	一二六〇	三九	北条時頼に謁して直言し、更に七月十六日、『立正安国論』を上書す　八月二十七日夜、松葉ケ谷の庵室を焼打せられ、下総国の富木胤継の許に難を避く
	弘長元	一二六一	四〇	五月十二日、伊豆国に流罪（十一月三日、極楽寺重時卒す）
	二	一二六二	四一	正月十六日、『四恩鈔』を書き、二月十日、『教機時国鈔』を著わす
	三	一二六三	四二	二月二十二日、流罪赦免（十一月十三日、北条時頼卒す）
	文永元	一二六四	四三	八月頃、故郷に帰省し老母の病を治す　十一月十一日、東条の小松原にて地頭東条景信の襲撃を受く
	五	一二六八	四七	（閏正月八日、蒙古の牒状鎌倉に到る）十月十一日、執権時宗以下諸大寺に公場対論を促す書状を送る

山	文永六	一二六九	四八	（九月、蒙古の牒状再び到る）
	八	一二七一	五〇	六月、良観の祈雨を破折す　九月十二日、佐渡に流さる　『寺泊御書』を富木胤継に与う
	九	一二七二	五一	正月十六日、塚原三昧堂にて諸宗の僧等と問答す　二月、『開目鈔』二巻を著わす（二月、北条時輔の謀叛発覚し、鎌倉・京都に兵乱あり）四月、一ノ谷《さわ》の近藤清久の家に移さる
	十	一二七三	五二	二月十五日、『法華宗内証仏法血脈』を著わし、四月二十五日、『観心本尊鈔』を撰述す
後	十一	一二七四	五三	二月十四日、流罪赦免　四月八日、評定所に招かれ、最後の諫暁をなす　五月十二日、鎌倉を出て身延に入る（十月、蒙古来襲す）十二月、特異な大曼荼羅を図す
	建治元	一二七五	五四	『撰時鈔』を著わす　十二月、僧強仁の問難状に返事す
	二	一二七六	五五	三月、道善房寂す追善供養のため『報恩鈔』二巻を著わす
	三	一二七七	五六	六月、鎌倉桑ケ谷の問答にて、弟子日行・四条頼基の二人、竜象房を論破す　四条頼基のため陳状を代作す

宇多	弘安元	一二七八	五七	三月、『教行証御書』を日行に書き与う
	二	一二七九	五八	十月、熱原法難、駿河国熱原郷の信徒神四郎等処刑さる
	三	一二八〇	五九	(十一月十四日、鶴岡八幡宮炎上す)『諫暁八幡鈔』を著わす
	四	一二八一	六〇	四月八日、『三大祕法稟承事』を著わす (六月、蒙古再度来襲し、閏七月一日、大風により敵艦覆没す) 十二月、病漸く重し
	五	一二八二	六一	九月八日、常陸へ湯治のため身延を出で、十八日、武蔵千束郷池上宗仲の邸に入る 十月十三日、同邸において入滅す 十五日荼毘に附し、二十一日遺骨池上を出発し、二十五日身延に埋葬さる
後光厳	延文三	一三五八		天皇、日蓮大菩薩の号を賜わる
中御門	享保五	一七二〇		霊元法皇、日蓮大菩薩の宸翰を賜わる
大正	大正十一	一九二二		立正大師の諡号を賜わる

主要参考文献

『類纂高祖遺文録』 山川智応編 大正八年 国柱会

『日蓮上人御遺文』 稲田海素編 明治三七年 祖書普及会

『昭和定本 日蓮聖人遺文』 立正大学編 昭和二九年 立正大学宗学研究所

『日蓮上人伝記集』 明治四三年 日蓮宗全書出版会

『日蓮聖人伝十講』 山川智応 昭和四年 新潮社

『日蓮上人研究』一・二巻 山川智応 昭和四年 新潮社

『日蓮聖人』 山川智応 昭和十八年 新潮社

『法華経行者日蓮』 姉崎正治 昭和八年 博文館

『日蓮聖人教学の研究』 浅井要麟 昭和二〇年 平楽寺書店

『荒旅に立つ―日蓮―』 佐木秋夫 昭和二三年 月曜書房

『日蓮』 相葉伸 昭和三二年 弘文堂

『日蓮聖人の書簡』 茂田井教亨 昭和三〇年 平楽寺書店

『日蓮聖人とその思想』 執行海秀 昭和三〇年 平楽寺書店

『法華経と日蓮聖人』兜木正亨　昭和三一年　平楽寺書店
『親鸞・道元・日蓮』増谷文雄　昭和三一年　至文堂
『法華思想史上の日蓮聖人』山川智応　昭和九年　新潮社
『日蓮宗史研究』第一　宮崎英修　昭和二五年　孔官堂
『日蓮宗教学史』執行海秀　昭和二七年　平楽寺書店
『日本仏教史 中世編之二』辻善之助　昭和二四年　岩波書店

日蓮関係地図

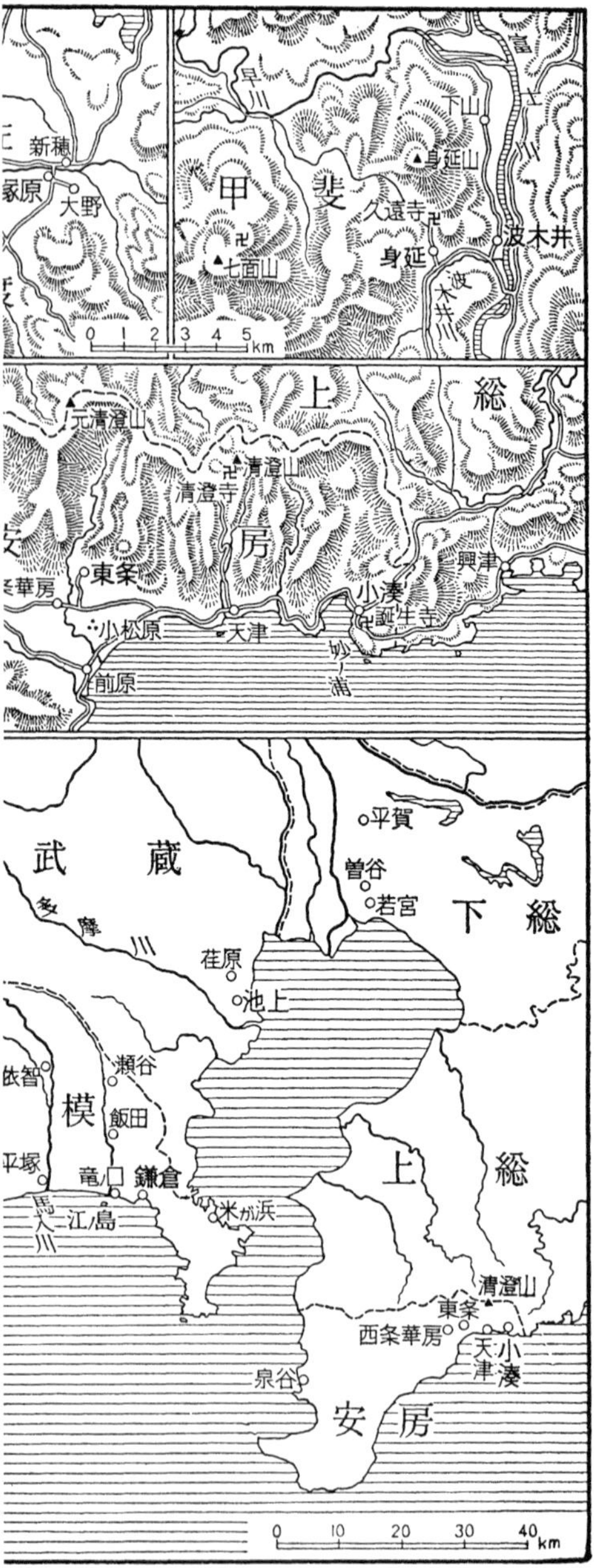

早川
下山
富士川
身延山
甲
斐
新穂
大野
久遠寺
波木井
身延
七面山
波木井川
0 1 2 3 4 5 km
上
総
元清澄山
清澄山
清澄寺
安
房
東条
興津
華房
小湊
小松原
天津
誕生寺
妙ノ浦
前原
平賀
武
蔵
曽谷
若宮
下
総
多摩川
荏原
池上
瀬谷
依智
模
飯田
平塚
竜ノ口
鎌倉
米が浜
馬入川
江島
上
総
清澄山
東条
西条華房
天津
小湊
泉谷
安
房
0 10 20 30 40 km

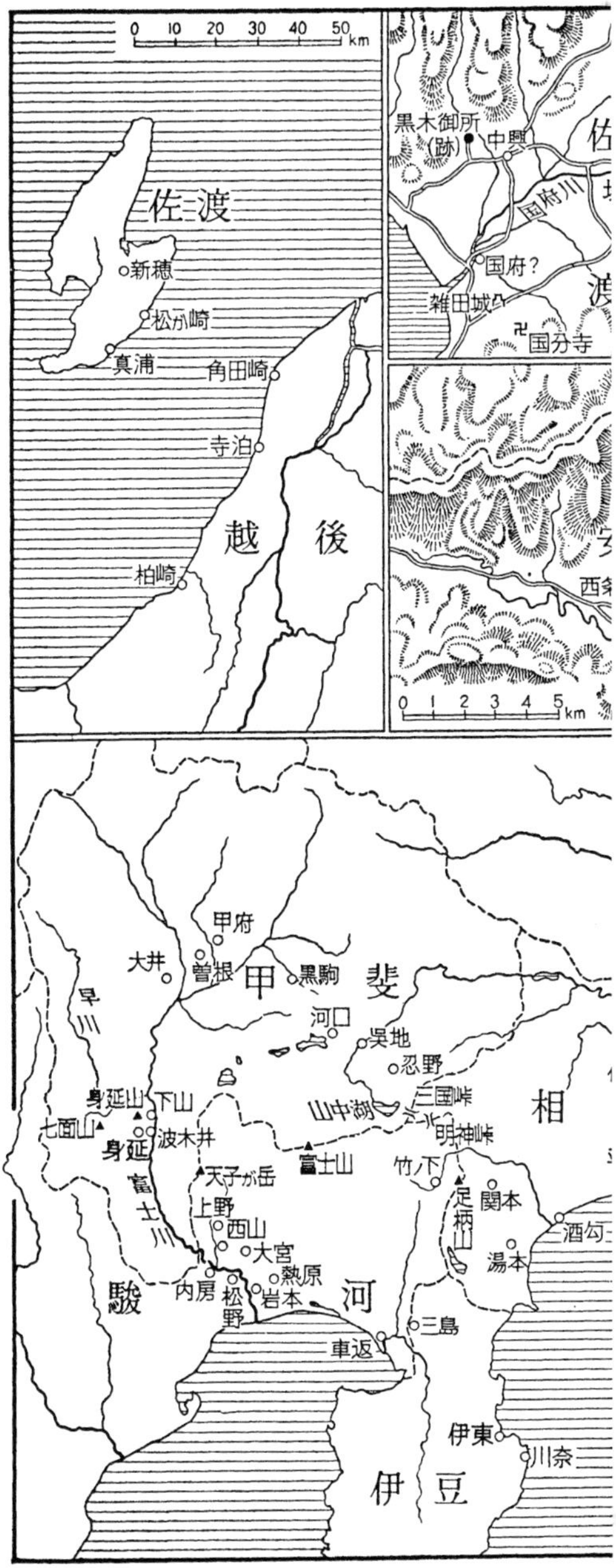

0 10 20 30 40 50 km
佐渡
新穂
松が崎
真浦
角田崎
寺泊
越後
柏崎
黒木御所(跡)
中興
国府川
国府?
雑田城
国分寺
0 1 2 3 4 5 km
甲府
大井
曽根
甲斐
黒駒
早川
河口
呉地
忍野
身延山
下山
七面山
波木井
身延
山中湖
三国峠
明神峠
相
富士山
天子が岳
竹ノ下
足柄山
関本
富士川
上野
西山
大宮
酒匂
湯本
熱原
内房
松野
岩本
駿河
三島
車返
伊東
川奈
伊豆

著者略歴

明治四十三年生れ
昭和十年東京帝国大学文学部国史学科卒業
宮内省諸陵寮囑託、警察大学校教授、駒沢大学教授等を歴任、文学博士
昭和五十九年没

主要著書
親鸞と宗教　日本の仏教　聖徳太子の研究　上代の浄土教　新稿日本仏教思想史　鎌倉新仏教成立論　日本仏教史辞典〈編〉

人物叢書　新装版

日蓮

一九五八年（昭和三十三）十月二十日　第一版第一刷発行
一九八五年（昭和六十）十月一日　新装版第一刷発行
二〇〇三年（平成十五）十月一日　新装版第六刷発行

著者　大野《おおの》達之助《たつのすけ》
編集者　日本歴史学会
代表者　平野邦雄
発行者　林英男
発行所　株式会社　吉川弘文館
東京都文京区本郷七丁目二番八号
郵便番号一一三―〇〇三三
電話〇三―三八一三―九一五一〈代表〉
振替口座〇〇一〇〇―五―二四四
印刷＝平文社　製本＝ナショナル製本

『人物叢書』（新装版）刊行のことば

人物叢書は、個人が埋没された歴史書が盛行した時代に、「歴史を動かすものは人間である。個人の伝記が明らかにされないで、歴史の叙述は完全であり得ない」という信念のもとに、専門学者に執筆を依頼し、日本歴史学会が編集し、吉川弘文館が刊行した一大伝記集である。

幸いに読書界の支持を得て、百冊刊行の折には菊池寛賞を授けられる栄誉に浴した。

しかし発行以来すでに四半世紀を経過し、長期品切れ本が増加し、読書界の要望にそい得ない状態にもなったので、この際既刊本の体裁を一新して再編成し、定期的に配本できるような方策をとることにした。既刊本は一八四冊であるが、まだ未刊である重要人物の伝記についても鋭意刊行を進める方針であり、その体裁も新形式をとることとした。

こうして刊行当初の精神に思いを致し、人物叢書を蘇らせようとするのが、今回の企図である。大方のご支援を得ることができれば幸せである。

昭和六十年五月

日本歴史学会
代表者　坂本太郎

〈オンデマンド版〉
日　蓮

人物叢書　新装版

2020年（令和2）11月1日　発行

著　者　大《おお》野《の》達《たつ》之《の》助《すけ》

編集者　日本歴史学会
代表者　藤田　覚

発行者　吉川道郎

発行所　株式会社　吉川弘文館
〒113-0033　東京都文京区本郷7丁目2番8号
TEL　03-3813-9151〈代表〉
URL　http://www.yoshikawa-k.co.jp/

印刷・製本　大日本印刷株式会社

大野達之助（1910～1984）

ISBN978-4-642-75015-8